송광사를 노래한

시승 묵객

집역 로담 정안

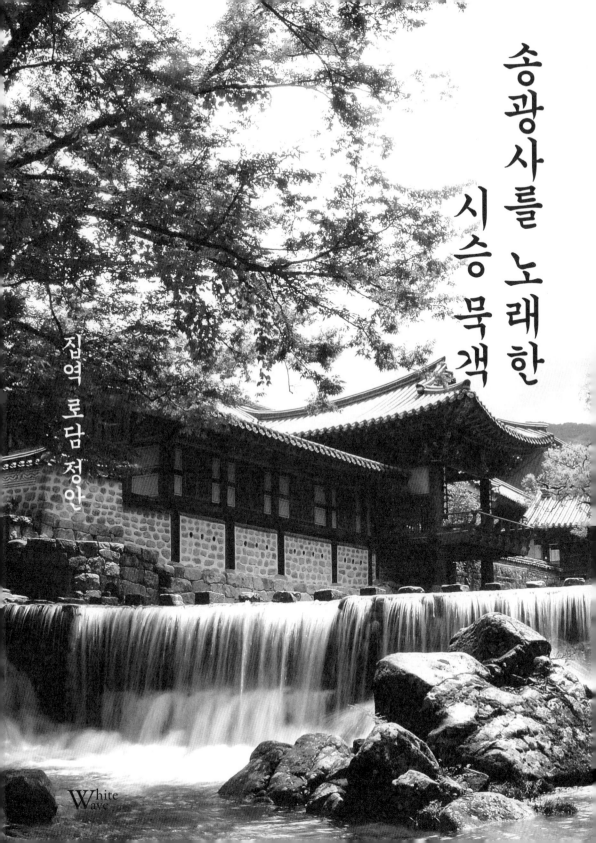

송광사를 노래한

시승 묵객

집역 로담 정안

White
Wave

송광사를 노래한 시승 묵객

송광사가 조계산에 터를 잡고 16국사를 배출한 승보 종찰로 자리매김하기까지 무려 1천 년이 넘는 시간이 지났습니다. 천 년이 넘는 세월 속에 얼마나 많은 스님과 불자, 그리고 여행자가 송광사를 다녀갔는지는 하늘의 별처럼 그 수를 다 헤아리지 못할 것입니다.

수많은 별 가운데 유달리 더 빛나는 별들이 있는 것처럼 송광사를 방문한 수많은 이들 중에는 송광사를 기억하여 글을 남긴 이들이 있습니다. 그러나 여러 문헌 속에 그들이 남겼던 글들이 여기저기 산재(散在)하여서 하나로 모으는 일도 힘든 일인데, 이들을 하나하나 찾아 정리하여 이렇게 한 권의 책을 출간한다고 하니 여간 반가운 소식이 아닐 수 없습니다.

송광사를 본사로 출가한 후 조계종 불교문화재연구소 소장과 총무원 호법부장, 문화부장을 역임한 정안 스님이 『송광사를 노래한 시승 묵객』이라는 책을 통해 지난 송광사 천 년의 시간을 펼쳤습니다. 박물관장 소임을 맡은 지 벌써 30년이라는 시간이 지났습니다. 송광사 역사를 기록한 사고는 기록으로 잘 남아 있지만, 송광사를 방문한 사람들은 이곳에서 무엇을 느꼈고, 당시 송광사 모습은 어떠했는지를 기록한 글을 이렇게 한곳으로 정리하는 일은 그동안 숙원(宿願) 사업 중 하나였습니다. 이를 정안 스님이 『송광사를 노래한 시승 묵객』이란 제목으로 회향해 주시니 더없이 감사하고 또 감사할 따름입니다.

현재 송광사에서 소장하는 자료는 물론 많은 문인들의 문집(文集)과 금석문 등에 남아 있는 송광사 관련 시와 글들을 찾아내는 일을 시작으로 이를 요즘 사람들이 알기 쉽게 풀어서 쓰고 편집한다는 것이 얼마나 힘든 일인지 잘 알고 있기에 스님의 노고에 경외심이 듭니다.

또한 이 책 말미(末尾)에 '송광사'의 유래에 대해 일목요연하게 정리하였는데, 이는 송광사의 역사를 체계적으로 이해하는 출발점이기도 합니다. 스님이 정리한 송광사 사명(寺名)의 유래와 변천 과정을 살펴보면, 처음 혜린 스님이 길상사(吉祥寺)라 하였고, 이후 보조 국사 시절에는 수선사(修禪社), 정혜사(定慧社)라 하였고, 13세기에는 송광사(松廣社)였다가 14세기에 이르러 지금의 이름인 송광사(松廣寺)로 정착되었음을 알 수 있습니다.

지금까지 많은 사람이 송광사라는 이름을 고증해 왔지만, 대부분 과거에 연구자들이 남긴 글을 인용하는 수준에서 벗어나지 못했습니다. 그래서 항상 아쉬움이 많았는데, 정안 스님이 이렇게 사료를 바탕으로 잘 정리하니, 이에 각별한 마음을 담아 고마움을 전합니다.

『송광사를 노래한 시승 묵객』은 천 년 세월을 지나오면서 그 시대를 살았던 선인들이 송광사를 방문하여 느꼈던 마음을 오롯이 드러내 지금을 살고 있는 우리에게 전하였습니다.

수백 년 전 아니 그보다 더 오래전에 송광사를 찾아 시를 지었던 묵객들이 들었던 종소리, 법고 소리, 계곡 물소리는 지금도 여전한 것을 보니, 세상사 모두 변하고 사라져 가도 변하지 않는 것이 있다는 옛 선인들의 말이 허사가 아님을 이 책을 통해 더욱 깨달을 수 있습니다.

한 권의 책으로 송광사의 역사와 아름다움을 보여 주신 정안 스님의 노고에 다시 한 번 감사드립니다.

불기 2568년 7월
송광사성보박물관장 고경 합장

목차

송광사를 노래한 시승

송광사를 노래한 묵객

완화 처해 玩華 處解

경암 응윤 鏡巖 應允

인파 축현 仁坡 竺絃

천연자리봉나현 天然子离峯樂玹

범해 각안 梵海 覺岸

우행 우담 禹行 優曇

용악 혜견 龍岳 慧堅

경허 성우 鏡虛 惺牛

금명 보정 錦溟 寶鼎

송광사를 노래한 시승

원감 충지 圓鑑 冲止
석선탄 釋禪坦
나옹 懶翁
선화자 경성 禪和者 敬聖
중관 해안 中觀 海眼
영월 청학 詠月 淸學
취미 수초 翠微 守初
허백 명조 明照 虛白
침굉 현변 枕肱 懸辯
대가 희옥 待價 希玉
백암 성총 栢庵 性聰
무용 수연 無用 秀演
설암 추붕 雪巖 秋鵬
약탄 영해 影海 若坦
허정 법종 虛靜 法宗
송계 나식 松桂 懶湜
월성 비은 月城 費隱
묵암 최눌 默庵 最訥

원감 충지 圓鑑 冲止(1226~1293)

在曹溪作
재조개작

曹溪不獨龍象窟 春晚園林最奇絕
數枝山茶紅似火 千樹梨花白於雪
竹外紅桃開最晩 正似卯酒初上頰
朝來山雨洒如飛 但見綠葉相低垂
良辰美景古難得 我今行樂嗟暮遲
憑君急呼二三子 論詩贇茗供遊嬉

조계산은 용상의 굴일 뿐 아니라
늦봄 동산의 숲은 최고의 절경이다.
수 가지 동백꽃은 붉기가 불타는 듯하고
일천 그루 배꽃은 눈같이 희다.

대숲 너머 복숭아꽃은 가장 늦게 피는데
아침 술에 처음 오르는 뺨과 같고
아침에 오는 산 비는 날리듯 흩뿌리니
다만 푸른 잎새 낮게 숙인 것만 보이네.

좋은 날과 아름다운 경치는 예로부터 얻기 어려운데
나의 지금 행하는 즐거움이 늦은 것이 서글퍼라

그대들에게 기대여 속히 몇 사람 더 불러
시 논하고 차 달이어 함께 놀며 즐겨 보세.

주(註).

원감 국사(圓鑑國師) : 충지(冲止, 1226~1293). 법호는 법환(法桓) · 복암 노인(宓庵老人), 시호는
원감(圓鑑), 속명은 위원개(魏元凱). 원나라 세조의 흠모를 받았으며, 원오(圓悟)의 법을 이어 수
선사(修禪社) 제6세 국사가 되었다.

산다(山茶) : 동백나무.

묘주(卯酒) : 아침에 마시는 술. 아침 술.

정사(正似) : 恰如(흡사 ……과 같다).

양신(良辰) : 좋은 날. 길일(吉日). 호시절(好時節).

미경(美景) : 아름다운 풍경. 좋은 상황.

過曹溪樓橋 見院主信公 修葺起廢 不勝嘉歎 作句以美之
과조계루교 견원주신공 수집기폐 불승가탄 작구이미지

雨側風欹度幾年 今朝喜復見輪焉
架空飛閣鸞鳳擧 跨谷長橋螮蝀連
十里松陰濃滿地 千重岳色翠浮天
信公起廢佳聲在 應與溪流萬古傳

비와 바람에 퇴락한 지 몇 년이 지났던가.

오늘 다시 윤환한 모습을 보니 기쁘다.

공중에 가로지른 누각은 봉황이 나는 듯하고

계곡에 걸친 긴 다리는 무지개가 이어진 듯하니

십 리의 솔 그늘은 짙게 땅에 가득하고

천 겹의 산빛은 푸르게 하늘에 떠 있네

신공이 무너져 가는 것을 일으킨 아름다운 명성은

흐르는 물과 함께 만고에 전하리라

주(註).

윤환(輪奐) : 규모가 크고 아름답다는 뜻.

체동(螮蝀) : 공기 중에 떠 있는 작은 물방울이 햇빛에 반사되어 나타나는 반원형의 일곱 가지 빛깔의 줄. 무지개.

수즙(修葺) : 건축물을 보수하다. 개축하다.

秋日登眞樂臺(在東方丈後)
추일등진락대(재동방장후)

溫溫朝旭上東岡 閒陟高臺坐石牀
和日丹楓映霞衲 忽驚身着錦衣裳

따스한 아침 해가 동쪽 언덕에 떠오르기에
한가로이 높은 대에 올라 돌 평상에 앉았네.
화창한 날이라 단풍이 늙은이의 납의를 비추니
문득 몸에 비단옷 걸쳤나 깜짝 놀랐네.

주(註).
조욱(朝旭) : 아침에 돋는 해.
파일(和日) : 풍화일난(風和日暖)으로 바람이 부드럽고 날씨가 따뜻하다. 날씨가 화창하다.
단풍(丹楓) : 늦가을에 식물의 잎이 적색, 황색, 갈색으로 변하는 현상.

曹溪山方丈東牆之下 有山茶一株 戊子春久無花 至四月五月之
조계산방장동장지하 유산다일주 무자춘구무화 지사월오월지교
交 方始盛開 惟未曾有 作句以記之
방시성개 괴미증유 작구이기지

夏炎將半百花盡 喜見山茶方盛開
應是天工憐寂寞 小留春色着山隈

한여름 중반이라 모든 꽃들이 졌는데
동백꽃이 활짝 핀 것을 보는 이 기쁨은
이는 하늘의 응화로 적막함을 어여삐 여겨
잠시 봄빛을 산모퉁이에 붙잡아 두었나 보다.

주(註).
성하염열(盛夏炎熱) : 한여름의 몹시 심한 더위.
시야장반(是夜將半) : 그날 밤의 한밤중을 이르는 말.
천공(天工) : 하늘이 하는 일. 하늘의 조화.
—『해동조계제육세원감국사가송海東曹溪第六世圓鑑國師歌頌』.

석선탄 釋禪坦(제세미상~1300~)

洛水驛
낙수역

江上春光逐日歸 難將細柳繫餘暉
多情蛺蝶穿花去 有意鴛鴦掠水飛

강 위에 봄볕이 해를 쫓아 돌아가니
버들가지 남은 햇빛 묶기 어려워하네.
정 많은 호랑나비는 꽃 속을 헤집고
원앙은 생각 있어 물을 스치며 날아간다.

주(註).
석선탄(釋禪坦) : 고려 후기 승려. 선탄은 호가 환옹(幻翁)이고, 시에 능하였으며 거문고를 잘 탔
다. 일찍이 이제현과 종유(從遊)하였다. 이제현은 선탄이 중국 강남에 가 있을 때 「송완산이반자」
(『익재난고』 권3)라는 시를 지어 "봄바람에 끝없는 그리운 마음을, 강남의 탄상인(坦上人)에게 말
하여 주게(春風無限相思意 說與江南坦上人)."라 읊은 바 있다. 한편 선탄이 관동(關東)을 유람하
며 지은 시구 "명사십리에 해당화 붉게 피어 있고, 흰 갈매기 쌍쌍이 성긴 빗속을 날아가네(明沙十
里海棠花 白鷗兩兩飛疎雨)."가 유명하였는데, 세상 사람들이 마지막 두 글자를 따서 그를 소우 선
사(疎雨禪師)라 불렀다고 한다. 선탄이 지은 시가와 산문 등을 수록한 시문집『해동석선탄사시집
海東釋禪坦師詩集』.
낙수역(洛水驛) : 낙수역(洛水驛) 순천부의 서쪽 73리에 있다. 송광사와 가깝다.
협접(蛺蝶) : 나비목의 곤충 가운데 낮에 활동하는 무리를 통틀어 이르는 말. 네발나비. 표범나비.
—『순천옛시』, 2부, p.66.

나옹 懶翁(1320~1376)

松廣寺終年作
송광사종년작

未月事生時入理 其間寒分尙歸原
歸來歸去從何處 到此今朝理事圓

음력 유월에 일이 생겨 들어온 것이
그사이 추위에도 돌아가려 했네
오고 가는 것이 어느 곳으로부터일까.
오늘 아침에 이르러서야 일을 원만해졌네

주(註).
보제존자(普濟尊者) : 고려 후기의 승려인 혜근. 나옹 선사이다.
나옹(懶翁, 1320~1376).
미월(未月) : 천간(天幹)이 미(未)로 된 달. 즉 음력 6월을 달리 이르는 말이다.
입리(入理) : 도리에 맞다.
―『보제존자삼종가普濟尊者三種歌』 부록附錄.

선화자 경성 禪和者 敬聖(1488~1568)

題慈蔭堂禪餘漫吟
제자음당선여만음

一囊松葉一瓶水 不動諸緣臥此房
可笑昔人烹佛祖 聞聲見色有何妨

한 자루 솔잎과 한 병의 물로도
세상 인연에 흔들리지 않고 이 방에 누웠네
참으로 우스워라. 옛사람은 불조를 삶아 먹었거늘
들리는 소리에 색을 본들 무슨 걸림이 있으랴

주(註).
경성(敬聖, 1488~1568) : 선승(禪僧). 성은 장씨(張氏). 호는 휴옹(休翁)·선화자(禪和子)·경성
(敬聖) 또는 광성(廣聖). 경상남도 울산 출신. 아버지는 윤한(胤韓)이며, 어머니는 박씨(朴氏)이
다. 어머니가 명주(明珠)를 삼키는 태몽을 꾸고 낳았다.
일찍이 양친을 여의고 3년 동안 몹시 슬피 울다가 무상함을 느끼고 13세에 단석산에 있던 해산(海
山)에게 의지하여 3년 동안 심부름을 하다가 1503년(연산군 9년)에 승려가 되었다.
1568년 2월 30일 제자들에게 "모든 인자(仁者)들은 정념(正念)을 가지고 애착을 품지 말며, 또한
속(俗)을 따라서 쓸데없이 일을 떠벌이지 말라."고 당부하고, 자신의 시체를 새와 짐승에게 먹이도
록 하라는 유언을 남긴 다음, 단정히 앉아 입적하였다. 나이 80세, 법랍 65세였다. 제자로는 의웅·
의변(義卞)·선등(禪燈)·일정(一精)·성준(性峻) 등이 있다.
—『조계산송광사지曹溪山松廣寺誌』

중관 해안 中觀 海眼(1567~)

次天印師松廣寺韻
차천인사송광사운

普照曾留影 靑山第幾重
龍宮雲作地 鴈塔石爲封
有鳥鳴蒼竹 無人倚碧松
心聲誰替說 秋月夜來鍾

일찍이 보조 스님의 영정이 있고
청산이 몇 겹으로 두르고 있다.
용궁의 구름이 땅이 되고
안탑은 돌로 봉분을 만들었다.
어떤 새는 푸른 대숲에서 우는데
사람이 없으니 벽송을 의지하니
마음 소리를 누가 대신하랴.
가을 달밤에 종소리 울린다.

주(註).

해안(海眼, 1567~?) : 조선 시대『중관대사유고』,『죽미기』,『화엄사사적』등을 저술한 승려. 승병
장. 성은 오씨(吳氏). 호는 중관(中觀). 전라남도 무안(務安) 출신. 어려서부터 총명하여 신동이라
불렸다. 처음에 처영(處英)을 은사로 하여 득도하였으나 뒤에 휴정(休靜)의 문하에서 참학(參學)
하여 심인(心印)을 받았다. 저서로는『중관대사유고中觀大師遺稿』1책,『죽미기竹迷記』1책,『화엄
사사적華嚴寺事蹟』1책,『금산사사적金山寺事蹟』1책 등이 있다.

*안탑(鴈塔) : 절 탑. 인도의 왕사성(王舍城)에서 승려들이 기러기가 공중에 날아가는 것을 보고
희롱하는 말로 "우리들이 배가 고프니, 몸으로 보시하라."라고 하였더니, 기러기가 스스로 죽어서
떨어졌다. 이에 승려들이 감동하여 기러기의 탑을 세웠다고 한다. 당나라 현장(玄奘)의『大唐西域
記』「摩揭陀國」.

벽송(碧松) : 벽송(碧松) 지엄(智嚴).

심성(心聲) : 마음속에서 우러나오는 소리. 마음의 소리. 속말.

체(替) : 대체(代替). 교체(交替).

―『중관대사유고中觀大師遺稿』.

영월 청학 詠月 淸學(1570~1654)

春風遊松廣寺詩
춘풍유송광사시

生來唯抱物外情　浪吟詩輕萬戶侯
浮雲世事付他人　綠水靑山心素留
春風不禁逸興飛　笻向曹溪山水幽
行尋石逕十里餘　濯足淸溪塵慮收
盤桓殿閣爽胸襟　嘯咏樓臺淸眼眸
仙蹤異境翫復翫　月榻風檻遊更遊
玲瓏澗舌慰殘夢　浙瀝松聲消客愁
今來烟景問如何　花滿溪山風滿樓
蓬萊方丈未專美　武陵桃源何更求
居僧盡是學道者　鶴弟雲兄度春秋
明朝携友又登山　幾多梵宮羅雲頭
南臺遊了復北亭　叙嘯東皐又西丘
穿林渡水路已窮　萬壑千峯探勝周
登臨絶頂恐到天　俯仰乾坤豪氣稠
山酣水醉博高閑　月伴烟羣賭自由
山花啼鳥共爭春　客興詩思俱悠悠
雲林寄跡樂一生　蝸角功名非所謀
從今永作遊山客　免得風塵東郭羞

살면서 세상 밖의 일을 안고
물결치는 시를 읊으며 부귀를 가벼이 하고
뜬구름 세상일은 남에게 맡기고
녹수청산에 마음 맑게 머물렀다.

봄바람에 이는 흥을 금할 수 없어
지팡이 짚고 조계산 물 깊은 곳을 향해
오솔길 십여 리를 찾아 나서니
맑은 시내에 발을 씻고 세속 생각 거둔다.

드넓은 전각은 가슴속 시원하고
누대에서 읊조리니 눈동자 맑아지네
신선의 자취 신이 한 경계를 즐기고 즐기며
달빛 의자 바람 창가에 노닐고 노닌다.

영롱하게 흐르는 물소리 남은 꿈을 위로하고
솔솔솔 솔바람 소리 나그네 시름 달래며
오늘의 아름다운 풍경 어떠냐 물어 오면
꽃은 냇가와 산에 가득하고 바람은 누대에 가득하다.

봉래산 방장산의 전하지 못한 아름다움
무릉도원을 어디에서 다시 찾을까
스님들 모두는 도를 배우는 이들로
학 아우 구름 형으로 세월을 함께한다.

다음 날 친구를 이끌고 또 산을 올라
많은 범궁에 비단구름
남쪽 누대에서 놀다 다시 북쪽 정자로
동쪽 언덕에서 읊다 또 서쪽의 언덕이다.

수풀 뚫고 물을 건너니 길은 이미 다하고
일만 계곡 수천 산봉우리 좋은 경치 두루 탐방하고
산림이 절정에 올라 하늘에 닿을까 하는 걱정에
하늘과 땅을 위아래로 살피니 호기가 조화롭다.

산을 즐기고 물에 취하니 한없이 높고 한가로우며
달과 구름 벗을 삼아 모다 자유로워
산에는 꽃이 피고 새들은 다투어 봄을 노래하니
나그네 시상에 흥겨워 유유자적한다.

구름 걸친 숲에 의탁한 몸 일생이 즐겁고
달팽이 뿔 같은 공명 바랄 것 아니기에
이제부터 영원히 산수를 노니는 나그네로
풍진세상에 동곽의 부끄러움 면하리라.

주(註).

청학(淸學, 1570~1654) : 조선 시대 『영월집』을 저술한 승려. 성은 홍씨(洪氏). 자는 현주(玄珠), 호는 영월(詠月). 전라남도 장흥 출신. 아버지는 광명(光明)이며, 어머니는 강씨(姜氏)이다. 13세에 출가하여 가지산 보림사(寶林寺)에서 승려가 되었다. 제자로는 무하자(無何子)·학순(學淳) 등 십여 인이 있으며, 저서로는 문집인 『영월집』이 있다.

만호후(萬戶侯) : 일만 호의 백성이 사는 영지를 가진 제후라는 뜻으로, 세력이 강한 제후를 이르는 말.

물외정(物外情) : 『조론』에 이르기를 "말의 형상을 뛰어넘고 유와 무의 테두리 밖으로 벗어났다."고 하였다. 『어제비장전』 15권.

진려(塵慮) : 속세의 명예와 이익에 대한 욕심.

반환(盤桓) : 머뭇거리며 그 자리를 멀리 떠나지 못하고 서성이는 일.

월탑(月榻) : 달빛이 스며들어 비치는 의자나 자리를 말한다.

절력(浙瀝) : 비나 눈이 내리는 소리 또는 가을바람의 부는 소리.

연경(煙景) : 연기 같은 것이 물 위에 한가하게 어려 있는 아름다운 경치.

명조(明朝) : 내일. 가까운 장래. 앞날.

기다(幾多) : 수많음. 숱함. 수효가 많은 것.

운두(雲頭) : (뭉게)구름.

범궁(梵宮) : 범천왕이 사는 궁전.

아림(芽林) : 맹아림(萌芽林). 나무를 벤 뒤에 남은 그루터기에서 난 싹을 기른 숲.

탐승(探勝) : 경치 좋은 곳을 찾아다님.

호기(豪氣) : 활달하고 씩씩한 기상.

운림(雲林) : 구름이 걸쳐 있는 숲.

동곽(東郭) : 복성. 성.

동곽기(東郭記) : 중국 명나라 때의 전기(傳奇). 전국 시대에 서로 출세를 약속한 세 남자의 각각 다른 처세법을 내용으로 한 작품이다.

—『영월당대사문집詠月堂大師文集』.

취미 수초 翠微 守初(1590~1668)

次聰長老題普照庵韻
차총장노제보조암운

倚欄新捲箔 乘興晩抽毫
樹鎖春光密 山含霽色高
澗琴爭瀉石 華雨亂粘槽
坐久淸陰薄 風烟細濕袍

난간에 기대 새로이 발을 말고
흥이 일어 늦게야 붓을 들었다.
나무숲은 봄빛을 비밀스럽게 가두고
산은 비 갠 푸르름과 드높은 하늘을 품는다.
개울물은 거문고로 다투어 바위에 쏟아지고
꽃비는 어지러이 절구에 붙어 있네
오래 앉아 있으니 맑은 그늘 엷어지며
바람 안개가 조금씩 옷을 적시네

주(註).
수초(守初) : 수초(守初, 1590~1668)는 창녕 성씨(昌寧成氏)로 사육신의 한 사람인 성삼문의 후손
이다. 1590년 서울 성균관의 북쪽에서 태어났다. 수미의 법호(法號)는 취미(翠微), 법명은 수초(守
初)이며, 자는 태혼(太昏)이다. 조선 후기 부휴계 벽암 각성(碧巖覺性)의 수제자로『취미대사시집
翠微大師詩集』을 저술한 승려이다. 수선은 부휴계의 적전 계보를 이었으며, 제자로는 백암 성총
(栢庵性聰)이 있다.
─『취미대사시집翠微大師詩集』.

허백 명조 明照 虛白(1593~1661)

松廣寺感牧牛子
송광사감목우자

緬思當日事 風化四方垂
香樹同生死 浮雲共去留
休光千載重 明德万年優
眞相今何在 曹溪咽不流

그날의 일 생각하니
풍화가 사방에 미쳤으리라.
향나무는 생사를 같이하고
뜬구름은 가고 머무름을 함께하네
업적은 천 년을 거듭하고
밝은 덕은 만 년토록 도탑다.
참다운 모습 지금은 어디 있는가.
조계도 통곡하며 눈물 흘리지 못하네

주(註).

명조(明照, 1593~1661) : 1627년 정묘호란 당시 후금이 국경을 침범했을 때 팔도의승병대장을 역임한 승려. 선사(禪師)·승병장(僧兵將). 성은 이씨, 이름은 희국(希國), 호는 허백당(虛白堂). 충청도 홍주 출신. 아버지는 통정대부 춘문(春文), 어머니는 한씨이다. 13세에 출가하여 청허 휴정(淸虛休靜)의 법손인 송월 응상(松月應祥)의 법을 이었다. 정묘호란 등에서 의병장으로 활동하였는데, 노몽수의 서문에는 정묘호란 때 승군 4,000여 명을 거느리고 안주성(安州城)을 지켰으며, 병자호란 때는 군량미를 모아서 제공하였다. 저서로는 1669년 제자 남인(南印)이 간행한 시문집『허백당시집虛白堂詩集』3권과『승가예의문僧伽禮儀文』1권이 있다.

면사(緬思) : 회고하다. 추억하다.

휴광(休光) : 훌륭한 지조(志操). 뛰어난 공적.

—『허백집虛白集』卷之一.

침굉 현변 枕肱 懸辯(1616~1684)

題松廣寺
제송광사

春風一錫向曹磎 洞府深深杜宇啼
雲疊水重塵世遠 葉齊山路綠苔迷

봄바람에 석장을 짚고 조계산을 향한다.
깊고 깊은 골짝에 두견새 울음 울고
구름과 겹겹이 흐르는 물은 세상과 멀고
녹음 짙은 산길 푸른 이끼에 길을 잃었네.

주(註).
현변(懸辯, 1616~1684) : 조선 후기 천봉산 처우화상(處愚和尙)에게 출가해 선암사 주지 등을 역
임하며 『침굉집』을 남긴 승려. 성은 윤씨(尹氏). 본관은 나주(羅州). 자는 이눌(而訥), 호는 침굉(枕
肱). 어머니는 최씨이다. 8세에 아버지를 여의고 9세에 천봉산 처우화상(處愚和尙)에게 출가하여
승려가 되었다. 저서로는 『침굉집』 2권이 있다.
두우(杜宇) : 두견잇과에 속한 새. 두견새.
통부(洞府) : 신선(神仙)이 사는 곳.
―『침굉집枕肱集』上.

대가 희옥 待價 希玉(1626~)

三清仙閣
삼청선각

畫閣臨溪上 風兼水月奇
三淸無限景 塵世幾人知

그림 같은 계곡의 누각
바람과 물과 달이 기이하게 어우러졌네.
바람과 물과 달이 어우러진 한없는 경치를
세상 사람 몇이나 알까.

주(註).

대가(待價) : 휘는 희옥(熙玉)이고 호는 융묘(融妙)이며 자는 대가(待價)이다. 부휴 선사의 제자이다. 천계 6년 병인년(1626, 인조 4년) 11월에 태어났다. 인조가 팔도도승통겸남한도총섭(八道都僧統兼南漢都摠攝)이라는 직첩을 내렸지만 선사가 받으러 나아가지 않자, 벽암 각성이 그것을 대신하였다. 선사는 항상 조계에 주석하였지만 문장으로 세간에 명성을 떨쳤다.

—『조계고승전曹溪高僧傳』卷第一,『조계종사대가선사전曹溪宗師待價禪師傳』,『조계산송광사지曹溪山松廣寺誌』,『순천옛시』, 4부, p.347.

백암 성총 栢庵 性聰(1631~1700)

松廣寺次宋秀才韵
송광사차송수재운

寺居千嶂裡 初地淨無塵
一夜淸溪雨 殘花屬暮春

절은 깊은 산속에 있어
땅은 맑아 티끌 하나 없고
한밤중 맑은 계곡에 비가 내리리
꽃들은 시들고 봄이 저무네

주(註).

성총(性聰) : 성총(性聰)은 호는 백암(栢庵)이고 법명이 성총(性聰)이다. 그는 1631년(인조 9년) 11월 15일 전라남도 남원에서 태어났다. 속성은 이씨로 아버지의 이름은 강(橿)이고 어머니는 하씨(河氏)이다. 1643년(인조 21년) 13살 때 순창 취암사(鷲巖寺)에서 머리를 깎고 16세에 구족계를 받았다. 1648년(인조 26년)에 지리산 취미 수초(翠微守初, 1590~1668)의 문하에서 9년 동안 가르침을 받았다. 1657년(효종 8년) 전라남도 곡성 도림사 선덕암에 주석하였다. 1673년(현종 14년)에는 영광 해불암에 머물렀으며, 1676년(숙종 2년) 전라남도 순천 송광사 은적암으로 옮겼다가 1677년(숙종 3년) 주암 대광사에 머물렀다. 이후 순천 송광사, 영광 불갑사, 낙안 징광사 등에 머물다가 1700년(숙종 26년) 7월에 지리산 화개동 신흥사에서 입적하였다. 세속 나이 70세, 법랍 55세였다. 성총의 사리를 안치한 부도는 순천 송광사와 지리산 칠불암에 있고, 비(碑)는 순천 송광사에 있다. 저서로는 『치문집주緇門集註』3권, 『백암집栢庵集』2권 등이 있다.

題松廣寺水閣
제송광사수각

湖山千里倦遊情 野寺秋來樹竹淸
高閣晩憑踈雨過 石溪流水有新聲

산수 천 리 길 구경하는 마음에
들판의 절은 가을인데 나무와 대숲 맑다
높은 누각에 기댄 저녁 성근 비가 지나가니
바위 계곡 흐르는 물소리 새롭다.

주(註).
권유(倦游) : 놀이에 싫증 나다. 관리 생활에 싫증 나다.
호산(湖山) : (거울 같은)호수와 푸른 산이 어우러진 매우 아름다운 경치.

松廣寺呈安使君后泰
송광사정안사군후태

傳道招提境 風流謝守遊
飛笻下樹杪 捧袂倚樓頭
露菊重陽節 霜楓九月秋
三車冝許載 直欲上慈舟

전하는 말에 절 경치는
풍류가 사조가 즐겼던 것이라네
휘졌던 지팡이 나무 끝에 내려놓고
소매 들어 누대에 머리를 기대니
이슬 맺힌 국화는 중양절이요
서리 맞은 단풍나무는 구월의 가을이라
삼승의 수레에 기꺼이 싣고
바로 자비의 배에 오르려 한다.

주(註).
전도(傳道) : 교리를 믿지 않는 사람이 신앙을 가지도록 인도하는.
초제(招提) : 범어로는 Caturdesa라고 한다. 여러 곳에서 모여 오는 스님들이 쉬어 가도록 마련한
절이다.
중양절(重陽節) : 음력 9월 9일.
사수(謝守) : '사수(謝守)'는 선성 태수(宣城太守)를 지낸 남조(南朝) 제(齊)나라의 시인 사조(謝朓)
를 가리킨다.
삼거(三車) : 세 개의 수레(三車)—『法華經』「譬喩品」에서 말한 양거(羊車)·녹거(鹿車)·우거(牛
車)로 세 개의 수레를 가리키며, 이는 성문(聲聞)·연각(緣覺)·보살(菩薩) 삼승(三乘)에 비유한
것이다.

寓曹溪山送遊方僧
우조계산송유방승

遊方知有意 不必問前三
百歲今無幾 千山久未探
風餐郊外驛 雨臥海西庵
旅愁兼別恨 秋日我何堪

행각을 할 뜻이 있음을 아니
반드시 전삼을 묻지 않아도
백 년 세월도 이제 머지않아.
많은 산들을 오래도록 찾지 못했네
바람 맞으며 교외에서 밥해 먹고
비가 오면 해서암에 눕는다.
나그네의 근심과 이별의 한스러움을
가을날에 내가 어찌 감내하리오

주(註).
유방(遊方) : 행각(行脚)하다. 여기저기 돌아다니다.
무기(無幾) : 얼마 되지 않다. 곧. 매우 적다. 머지않아.
풍찬(風餐) : 풍찬노숙(風餐露宿). 바람과 이슬을 맞으며 한 데서 먹고 잠잔다는 뜻으로, 모진 고생
또는 객지에서 겪는 고생을 이르는 말.
교외(郊外) : 도시에 인접하여 있는 곳.

謹次趙執義世煥長城倅洪錫龜茂長宰沈柟遊松廣寺韵
근차조집의세한장성쉬홍속구무장재심남유송광사운

人間行路信多歧 千里相逢若有期
連璧賦詩渾漫興 異鄉談笑亦恩私
此時共與方軒盖 他日同應入鼎司
誰意道林叅勝賞 一簾微雨更添奇 (一)

인간이 행하는 길에 믿음은 많은 갈래로
천 리 길 서로 만나기를 기약한다.
쌍벽인 듯 지은 시는 뒤섞이어 만연함만 가득하고
타향에서 웃고 이야기함에도 사사로운 은혜가 있다.
지금의 지방 고관으로 함께하지만
다른 날에 모두가 재상의 자리에 들어가야 하리라.
누군가 선림에 참여하여 좋은 경치 노래하니
주렴 밖 보슬비가 기이함을 보태네

春日江南古寺遊 溪山乘興晚登樓
臨窓複嶂峻峻簇 遠檻澄江決決流
驄馬繡衣新御史 銅章墨綬舊遨頭
宗雷期結蓮華社 野衲慚非惠遠儔 (二)

봄날 강남의 옛 절을 찾아
신이 난 조계산 저물녘 누대에 오르니
임경당에서 바라보는 가파른 산과 조리대
난간을 돌아 맑은 물이 결결이 흐르네
총마를 타고 비단옷 입은 새 어사는
구리 포장(褒獎)을 묶던 검은 끈은 옛 태수라.
종병과 뇌차종이 연화사의 결사를 기약하나
산승은 혜원과 함께하지 못함이 부끄럽구나

주(註).

다기(多岐) : 다기망양(多岐亡羊)이란 고사이다. 심도자(心都子)가 말하기를 "대도(大道)는 갈림길이 많아 양을 잃고 학자는 방도(方道)가 많아 생명을 잃는다." 하였다.

연벽(連璧) : 두 개를 함께 꿴 한 쌍의 구슬. 해와 달. 쌍벽(雙璧). 여럿 가운데서 특별히 뛰어난 우열이 없는 둘.

부시(賦詩) : 시가(詩歌)를 짓다.

은사(恩私) : 사사로운 은혜.

헌개(軒盖) : 고관이 타는 수레를 말한다.

정사(鼎司) : 삼공을 말함. 삼정승.

승흥(乘興) : 신이 나다. 흥이 나다.

창유(窓牖) : 바람이나 햇빛이 들게 하고 밖을 내다볼 수 있도록 건물의 벽이나 지붕에 낸 작은 문.

준준(峻峻) : '준준하다'의 어근. (산이) 높고 가파르다. (준)엄하다.

결결(決決) : 물이 흐르는 모양.

총마(驄馬) : 대간의 관직에 있는 사람이 타는 말로, 한나라 때 환전(桓典)이 시어사(侍御史)에 제수되어 당시에 국정을 농단하던 환관(宦官)들을 조금도 꺼리지 않고 탄핵하였는데, 항상 총마를 타고 다녔으므로 사람들이 모두 "총마를 탄 어사는 피해 가라."라고 하였다.

묵수(墨綬) : 수령(守令)의 직책이나 신분을 말한다. 수령이 동(銅)으로 된 인신(印信)을 검은색 인끈으로 묶어 찼던 데에서 생긴 말이다.

오두(遨頭) : 오두(遨頭)는 태수(太守)가 출유(出遊)하는 것을 이른다. 당(唐)나라 때 성도(成都)에서는 정월부터 4월 19일인 완화일(浣花日)까지 태수가 출유하는데, 이때 사녀(士女)들이 나가 구경하면서 태수를 오두라 일컬은 데서 온 말이다.

종뇌(宗雷) : 남조(南朝) 송(宋)나라의 고사(高士) 종병(宗炳)과 뇌차종(雷次宗)을 가리킨다.

연화사(蓮華社) : 백련사(白蓮社) 혜원을 중심으로 유유민(劉遺民), 뇌차종(雷次宗), 주속지(周續之), 종병(宗炳) 등 23인의 명사들이 시를 지으며 풍류를 즐기던 모임이다.

秋日奉陪李使君鳳徵李叅議沃遊松廣寺
추일봉배이사군봉징이참의옥유송광사

秋雨蕭蕭響石溪 碧峰簷外亂高低
尋眞上客從山北 飛盖遨頭降府西
寺古僧殘香樹老 洞深林密異禽啼
雕欄共倚清如許 不淺詩情興欲迷

가을비 소소하게 내리니 바위 골에 울리고
푸른 봉우리는 처마 끝으로 어지러이 높고 낮다.
진경을 찾아 귀한 손님 산 북쪽에서 오고
태수가 수레를 달려 마을 서쪽에서 내려온다.
절엔 늙은 중은 죽고 향나무는 늙어
깊은 골짜기 빽빽한 숲에는 기이한 새가 운다.
조각한 난간에 모두가 기대니 맑기가 이러함에
깊은 시정에 흥겨워 어리석어지고자 한다.

주(註).
고저(高低) : 높음과 낮음.
여허(如許) : 이와 같다. 상당수의. 이렇게 많다.
시정(詩情) : 시적인 정취.

夏日雨後登眞樂臺
하일우후등진락대

熱惱人間世 淸凉樹下臺
誰知此眞樂 終日獨徘徊

번뇌로 뜨거운 인간 세상
청량한 숲속의 누대
누가 알리오 진정한 즐거움을
종일토록 홀로 어정거린다.

登眞樂臺寄宋秀才
등진락대기송수재

別來今換幾蟾蜍 靜裡難忘識面初
却憶高臺眞樂否 綠陰濃處好風徐

이별한 이래 오늘이 오기까지 몇 달인가.
고요함 속에 처음 만난 때를 잊기 어렵구려.
기억하는가 드높은 진락(眞樂)을
녹음 짙은 곳에 좋은 바람 천천히 부네.

주(註).
금개구리[金蛙] : 달의 별칭. 상고 시대 후예(后羿)의 아내인 항아(姮娥)가 서왕모(西王母)의 선약
(仙藥)을 훔쳐 가지고 월궁(月宮)에 달아나 두꺼비[蟾蜍]가 되었다는 전설에 의하여 달을 섬여(蟾
蜍)·항아·금섬(金蟾)이라고 부른 데서 유래한 것이다.

重到修禪社示知己
중도수선사시지기

久住方壺泉石隈 一節相訪故人來
香階樹老秋容早 板閣鐘殘暝色催
眞樂臺邊峰萬疊 枕溪樓下水千廻
懸燈竹榻清無寐 話盡離愁坐撥灰

오랫동안 신선이 사는 산모퉁이에 살다가
지팡이 하나 짚고 옛 친구를 찾아갔네
향기로운 섬돌의 늙은 나무는 이른 가을이며
판각의 종소리 여운은 어스레함을 재촉하네.
진락대 주변은 첩첩의 수만 봉우리요
침계루 아래 물은 천 굽이 굽이이네.
대나무 의자에 매단 등은 밝아 잠도 오지 않고
이별의 슬픔에 다한 이야기로 잿불만 헤집고 앉았네.

주(註).
방호(方壺) : 신선이 산다는 곳인데, 여기에서는 방장산(方丈山), 즉 지리산을 말한다.
천석(泉石) : 물과 돌이 어우러진 자연의 경치. 산수(山水). 산수의 경치.
추용(秋容) : 가을의 모습이나 경치.
명색(暝色) : 모색(暮色). 황혼의 하늘빛.
이수(離愁) : 이별의 슬픔.
―『백암집栢庵集』上..

題普照庵
제보조암

樓閣黃金界 光明白玉毫
禪心隨水淨 道眼與山高
端草生空地 殘花泛石槽
不唯饒勝償 喜見舊同袍

황금계의 누각이며
백옥호의 광명이다.
선심은 맑은 물을 따르고
도안은 높은 산과 함께한다.
짧은 풀은 공지에서 자라고
떨어진 꽃잎은 석조에 떠 있다.
넉넉하고 수승한 감상이 없이
기뻐하며 보고 옛 벗이라 하겠는가.

주(註).
동포(同袍) : 한 벌의 도포를 같이 입는 사이라는 뜻으로, 진정한 벗을 비유적으로 이르는 말.
—『조계산송광사지曹溪山松廣寺誌』.

무용 수연 無用 秀演(1651~1719)

松廣寺普光殿丹雘改新募緣詩
송광사보광전단확개신모연시

昇平亦號小江南 西行鳥道五十里
有山有山曹溪山 有寺有寺松廣寺
經始何時又何人 五百年前牧牛子
高麗連葉仰西敎 此寺當時多盛事
十五大師次第出 至今人稱如來使
鵝殿嶷嶷有近天 蜂房撲撲無郤地
晨鍾暮皷咽衆壑 鳳雛龍子盈千指
幾多高士入禪來 不見齊民逃賦至
卽今吾道甚凌遲 象皮狗骨滔滔是
虎逝深林亂狐狸 世人賤之奴虜視
俯仰人天豈尤怨 濯足濯纓皆自致
古殿埋塵落丹靑 鳥不含花徒遺矢
告訴不聞咄嗟聲 石上誰厠非衣字
有一比丘號性習 唾手奮發感慨志
妙采須求一劒從 兼金欲市雙南自
然雖探囊一錢無 聞道塵聚高山起
肆扣檀門與楚盟 此是爲人兼爲己
想必善男善女人 眼見斯人心生喜
欲知善業招善報 端立形影正相似

金色頭陀豈無因 蘆笠天子登寶位

승평은 또한 소강남이라 부른다.
서쪽으로 조도 따라 오십 리
산이 있고, 산 있어 조계산이요
절이 있고, 절 있어 송광사이다.
어느 시대 창건하고 또 어떠한 사람인가.
오백 년 전에 목우자(牧牛子)가
고려 중엽 불교를 숭상하여
이 절은 당시에 성대한 일이 많았는데
열다섯 분 대사가 차례로 배출되니
지금도 사람들이 여래 사자라 부른다.
법당은 우뚝 솟아 하늘에 가깝고
승방은 들어차 빈 땅이 없었다.
새벽 종소리 저녁 북소리 여러 골에 울리고
봉추와 용의 아들이 천 손을 채웠다.
얼마나 많은 고사들이 수선사에 왔으며
평민이 부역 피해 오는 것은 볼 수 없었네
지금 우리 불법은 너무도 지리멸렬하여
코끼리 가죽에 개뼈다귀만 넘친다.
범이 깊은 숲속으로 떠나자 여우와 삵이 난리를 친다.
세상 사람이 천시하고 노예로 괄시하니
사람을 굽어보고 하늘을 우러러 원망만 하리.
발을 씻듯 갓을 씻듯 다 스스로 하는 것

법당에 먼지만 쌓이고 단청은 벗겨져서
새는 꽃을 머금지 않고 물똥만 쌓는다.
고함치고 호소해도 들어주지 않고 혀만 차니
바위에 누군가 새긴 비의(非衣) 글자.
한 비구가 있는데 성습(性習)이라 부르는데
손에 침을 뱉고 감개한 뜻을 분발하였다.
묘채(妙采)는 모름지기 일검(一劍)을 구함으로부터이며
겸하여 금은 시장에서 쌍남(雙南)을 구하는 데서부터이다.
그러나 비록 주머니 속에 한 푼도 없다고 해도
티끌 모아 태산이라는 말을 들었으니
감히 단월(檀越)에 굳게 맹세하고 문 두드리니.
이는 남을 위하는 일이며 자신을 위하는 일이다.
생각건대 반드시 선남자 선여인은
이 사람을 보고 환희심을 내어서
선업이 선보를 부른다는 것을 알고 싶어 할 것이니
단정히 서면 형상도 그림자도 단정함과 같다.
금색 두타의 인연이 어찌 없으리오
갈대 삿갓 보시로 천자의 보위에 오르리라.

주(註).

수연(秀演, 1651~1719) : 조선 후기 『무용집』을 저술한 승려. 성은 오씨(吳氏), 호는 무용(無用). 8세에 경서(經書)와 『사기史記』를 읽었으며, 13세에 부모가 죽자 형에게 의지하여 살았다. 19세에 조계산 송광사(松廣寺)로 출가하여 혜관(惠寬)의 제자가 되었고, 혜공(慧空)으로부터 구족계(具足戒)를 받았다. 죽기 직전에는 아미타불 염불에 전념하다가 나이 68세, 승랍 51세로 입적하였다. 문인들이 다비(茶毘)한 뒤 유골을 모아 부도를 세웠다. 저서로는 시문집인 『무용집無用集』 3권이 전한다.

조도(鳥道) : 나는 새만이 갈 수 있을 만큼 좁은 산속 길.

경시(經始) : 집을 짓기 시작함. 홍건(興建)하다.

아전(鵝殿) : 법당. 정원에 거위를 기르면 뱀이 사라지는 것처럼, 부처가 머무는 곳은 온갖 재해가 사라지므로 법당을 아전이라 한다.

봉방(蜂房) : '벌집'이라는 뜻인데 여기서는 작은 승방을 가리킴.

극지(郤地) : (양국의) 중간에 있는 비어 있는 지역이다.

봉추(鳳雛) : 봉황의 새끼라는 뜻에서, 지략이 뛰어난 젊은이를 비유적으로 이르는 말.

제민(齊民) : 일반 백성.

능지(凌遲) : 깔보다. 처참하다. 능지하다.

도도(滔滔) : 큰물이 출렁이다. 끊임없이 말하는 모양. 도도하다.

노로(奴虜) : 사로잡혀 종이 됨.

부앙(俯仰) : 아래를 굽어보고 위를 우러러봄.

탁족(濯足)과 탁영(濯纓) : 탁족은 발을 씻는다는 말이고, 탁영은 갓끈을 씻는다는 말인데, 『楚辭』「漁父」의 "창랑의 물이 맑으면 나의 갓끈을 씻고, 창랑의 물이 흐리면 나의 발을 씻으리라(滄浪之水清兮 可以濯我纓 滄浪之水濁兮 可以濯我足)."라는 말에서 나온 것이다.

유실(遺失) : 대변을 보다. 오줌·똥을 지림.

돌차(咄嗟) : 혀를 차면서 애석하게 여김.

감개(感慨) : 감개(하다). 감개무량하다.

분발(奮發) : 마음을 돋우어 기운을 냄.

남금(南金) : 형주(荊州)와 양주(揚州)에서 생산되는 황금으로 값이 일반 황금의 두 배가 되어 쌍남금(雙南金)이라고도 한다.

탐낭(探囊) : 주머니 속의 물건을 뒤지다.

노립(蘆笠) : 갈대 삿갓(蘆笠)으로 불상을 덮어 주고 전륜성왕(輪王)의 복을 받았다.

松廣寺大佛殿改新丹青募緣行
송광사대불전개신단청모연행

光明寶殿始成時 丹靑絢爛照林谷
年深歲久雨兼風 彩椽金栱如漆沐
日照無復紫烟生 黃昏但見飛蝙蝠
猊座縱有紫金山 世人見外心不伏
有一居士淨名餘 要與諸人同種福
已見廣氈衆毛成 又聞大地微塵簇
佛田雖下小善種 如食金剛穿胸腹
欲知善業招善報 西子鏡中西子目
仰祝皇天俯照臨 無私惠澤沾草木

광명보전을 처음 낙성할 때에는
단청이 현란하게 계곡 숲을 비췄는데
해가 깊고 오랜 세월 비바람에
채색한 서까래 금빛 두공(枓栱)은 검고
해가 비추어도 다시는 자색 안개 생겨나지 않고
황혼에 다만 날아다니는 박쥐만 보일 뿐
사자좌(獅子座)는 비록 자금산에 있어도
세상 사람은 겉만 보고 마음으로 조복하지 않는다.
유일하게 정명 거사가 남아 있어.
모든 사람들과 복의 씨앗 함께하려 한다.
넓은 융단도 많은 털이 모여서 만들어진 것을 이미 보았고 또 대지도 미진이 쌓인 것이라 들었다.
부처님의 밭이 비록 황무지이더라도 작은 선의 씨를 뿌리면
식금강같이 배 속을 뚫고 나올 것이다.
선한 행을 행하므로 선한 과보를 불러오는 것을 알고자 한다면
서희의 거울에 서희의 얼굴이 비칠 것이다.
우러러 하늘님께 축원하오니 밝게 굽어살피시어
사사로움 없는 혜택을 초목에 적셔 주옵소서.

주(註).

현란(絢爛) : 눈이 부시도록 찬란함.

두공(枓拱) : 두공(枓栱). 기둥 위에 평방 방향으로 짜인 맨 밑의 첨차.

편복(蝙蝠) : 박쥐목에 속한 포유동물. 박쥐.

예좌(猊座) : 부처가 앉는 자리. 사자(獅子)자리.

정명(淨名) : 석존의 세속 제자 유마 거사(維摩居士)를 가리킨다.

모전(毛氈) : 털로 짠 양탄자. 융단. 카펫.

흉복(胸腹) : 가슴과 배.

서자(西子) : 춘추 시대 월(越)나라의 미녀인 서시(西施)이다.

조임(照臨) : 해와 달이 위에서 세상을 내리비침.

황천(皇天) : 하늘. 상제(上帝). 천제(天帝).

식금강(食金剛) : 세간의 복은 마치 허공에 쏘는 화살과 같아서 힘이 다하면 떨어지게 마련이지만, 출세간의 복은 썩지 않는 금강석(金剛石)을 먹는 것과 같아서 영원히 지속된다는 말이다.

—『화엄경』 52권, 「如來出現品」.

三淸閣謹次金上舍三淵
삼청각근차김상사삼연

休言潭水本無情 厥性由來得一淸
最愛寥寥明月夜 隔窓時送洗心聲

말이 없는 연못물은 본래 무정하다.
그 성품이란 하나의 맑음에서 유래한 것으로
가장 사랑하는 것은 고요하고 밝은 달밤에
창문 사이로 보내는 마음 씻는 소리이다.

주(註).
삼청각근차김상사삼연(三淸閣謹次金上舍三淵) : 삼청각에서 김 상사 삼연 시에 삼가 차운하다.

附元韻
부원운

山雨無情也有情 蒲團竹倚更添淸
禪僧過後回廊寂 風動橋心一磬聲

원운을 붙인다.

산 비는 정이 없는가 정이 있는가?
방석에 죽선(竹扇)을 의지하니 청량함이 더하니
선승이 지나간 이후 회랑은 고요하고
부는 바람에 다리 가운데 풍경이 울린다.

주(註).
포단(蒲團) : 부들로 짜서 만든 둥근 방석.
죽선(竹扇) : 댓개비로 만든 쥘부채. 합죽선.

松廣寺次溪堂板上韻
송광사차계당판상운

物外招提古 層巒繞疊重
草生憎露拔 檀死憶人封
山色入孤鳥 澗聲和萬松
夜來蘿月白 偏愛到晨鍾 (一)

속세(俗世) 밖의 오래된 절로
산봉우리가 첩첩이 에워쌌네
자란 풀은 이슬이 증발하는 것을 싫어하고
전단(栴檀)은 죽어서 사람의 봉분을 기억하게 한다.
산에는 한 마리 새가 날아들고
시냇물 소리는 만 그루 소나무와 대화를 한다.
밤이 오면 송라(松蘿)의 달빛은 희고
새벽 종소리 울리면 한층 좋다.

一逕隨溪曲 披雲冷踏行
客心還凜冽 秋氣益凄淸
日射丹靑色 風拖講頌聲
飛樓臨鳥背 忽上有高情 (二)

오솔길 따라 굽은 계곡
구름 헤치고 차갑게 밟고 가면

나그네 마음은 오히려 매서워지고
가을 기운은 더욱 쓸쓸하네.
해는 단청색으로 비추고
바람은 강송(講誦)하는 소리로 이끄니
누대는 날아가는 새의 등에 임한 듯
홀연히 오르니 고상한 정취가 있네

欲收多景聚 雲上起高樓
山畏天傾聳 川憂海渴流
菊花嚬宿雨 楓葉醉新秋
此地更難得 一生今日遊 (三)

많은 경치 한곳에 모아 간직하고자 하나
구름 위에 높은 누각을 세워
산은 하늘이 기울까 두려워 높이 솟고
냇물은 바다가 마를까 흘러간다.
국화는 지난밤 비에 찡그리고
단풍잎은 새로운 가을에 취했다.
이런 곳을 다시 언제 얻으리
일생에 오늘 즐겨 보네

주(註).

물외(物外) : 속세(俗世)의 밖에서.

초제(招提) : 범어로는 Caturdesa라고 한다. 여러 곳에서 모여 오는 스님들이 쉬어 가도록 마련한 절이다. 초(招)는 원래 척(拓)이던 것이 쓰는 이의 잘못으로 언제인지 모르게 초(招)로 되었다. 『대당서역구법고승전』 상권에 의하면 인도와 서역에 초제(招提)가 있고, 중국에서는 낙양의 백마사가 초제사였다는 기록이 있다.

층만(層巒) : 여러 층으로 겹쳐 있는 산.

름열(凜冽) : 매섭게 춥다. 살을 에듯 춥다.

처청(凄淸) : 쓸쓸하다. 약간 차다. 처량하다.

숙우(宿雨) : 지난밤에 내린 비. 여러 날 계속하여 내리는 비.

題水石亭
제수석정

快亭臨水石　高臥彼哉仙
嶺日簷端射　溪風檻孔穿
躍來魚率性　飛去鳥能天
觀物還觀我　我然物亦然

좋은 정자는 물과 바위를 가까이해
높이 누웠으니 저가 신선인가 한다.
고갯마루 햇빛은 처마 끝에 비추고
계곡의 바람은 정자에 구멍을 뚫는 듯하네
물고기는 본성에 이끌려 뛰어오르고
새는 능히 하늘을 날아간다.
만물을 관조하나 도리어 나를 관조하고
내가 그러하듯 물 또한 그러하네

敬次三淵先生高韻
경차삼연선생고운

自愧非賢主 嘉賓愜此亭
溪山斯可友 魚鳥亦含靈
白月步庭樹 淸風倚檻楹
龐公今欲去 誰與共惺惺

스스로 현명한 주인 못 되어 부끄러운데
귀빈은 이 정자가 마음에 드시나 보다.
개울과 산이 벗으로 삼을 만도 하거니와
물고기와 새들 또한 영성(靈性)을 지녔다네.
흰 달 아래 정원 숲을 거닐기도 하고
청풍에 정자 기둥에 몸을 기대기도 하였네.
방 공(龐公)이 이제 떠나고자 하니
누구와 성성(惺惺)을 함께할까.

주(註).
방 공(龐公) : 후한 말엽의 은사(隱士) 방덕 공(龐德公)으로 방 거사(龐居士)이다. 여기에서는 삼연
(三淵) 김창흡(金昌翕)을 일컫는 말이다.

附元韻 又自吟要和
부원운 우자음요화

南來無水石 洗目獨斯亭
仔細看疏鑿 清通閱性靈
花陰團逈塢 桐雨滴疎櫺
願與師同夏 收因會寂惺

남쪽으로 오니 수석정이 없더니
유독 이정자는 눈을 씻어 주네.
자세히 막히고 뚫린 곳을 보니
맑기가 성령과 통함을 확인했네.
꽃그늘 멀리 울타리 되었고
오동나무에 내린 빗방울 격자창 된다.
소원하던 스님과의 여름을 함께하고
인연을 거두니 성성적적(惺惺寂寂)함을 알았네.

주(註).
부원운(附元韻) : 「自吟要和」이 시는 『三淵集』 권14에 실려 있다.
부원운(附元韻) : 원운을 첨부한다.
— 『무용당유고無用堂遺稿』 上.

題羽化閣
제우화각

天弓飮澗忽忘起 別立山中無限切
快閣三間掛碧落 澄潭一面磨靑銅
層峯獻翠晚朝雨 還壑送涼將夕風
半日登仙此亦足 不須越海求瀛蓬

무지갯빛 시냇물을 마시고는 일어나는 것을 잊었는데
특별히 일으켜 세운 것은 산이 무한하고 간절함이다.
상쾌한 누각은 삼 간으로 하늘에 걸렸고
맑은 못의 일면은 잘 다듬은 청동거울이다.
첩첩의 봉우리는 아침 늦게 내린 비에 푸르르고
계곡을 돌아 보낸 시원함은 저녁 바람이다.
반나절 신선에 오르니 이 또한 족하니
바다 건너 영봉을 구하지 않았네.

주(註).
천궁(天弓) : Dhanuh. 인도의 길이 단위의 하나로 여섯 자[尺] 네 치[寸]이다.
하늘에 펼쳐진 무지개를 비유적으로 이르는 말.
28수의 하나인 필수(畢宿)에 딸린 별자리 이름. 활과 쇠뇌[石弩]를 사용하는 일을 주관한다. 모두
아홉 개의 별 가운데 여덟은 궁형(弓形)을 이루고 바깥의 별 하나가 화살 모양을 하고 있다.
별입(別立) : 따로 떨어져 서 있거나 세움.
등선(登仙) : 하늘로 올라가 신선이 됨.
영봉(瀛蓬)은 영주산(瀛洲山)과 봉래산(蓬萊山)의 합칭이다. 동해 바다 가운데에 삼신산(三神山)
영주산·봉래산·방장산이 있고 그 산에는 신선이 살고 불사약(不死藥)이 있다고 한다.
―『漢書 郊祀志』,『조계산송광사지曹溪山松廣寺誌』.

설암 추붕 雪巖 秋鵬(1651~1706)

次松廣寺臨鏡堂李芝峯韵
차송광사임경당이지봉운

其一
客來春事盡 花落樹陰重
寺自三韓創 苔深一逕封
溪樓無夏日 山木有秦松
嘯倚危欄立 天風送暮鐘

객이 오니 봄은 제 일을 다 했고
꽃이 떨어져 나무는 더욱 무성하다.
절은 삼한으로부터 창건되었고
많은 이끼는 한 줄기로 시작했다.
계곡 누각에는 여름이 없고
산에는 진송(秦松)이 있다.
위태로운 난간에 기대어 서서 부는 휘파람은
하늘 바람 부는 저녁 종소리이다.

주(註).
추붕(秋鵬, 1651~1706) : 조선 후기『설암잡저』,『설암난고』,『선원제전집도서과평』,『법집별행록절요사기』,『묘향산지』등을 저술한 승려. 선사(禪師). 대흥사(大興寺) 13대종사(大宗師) 중 제5종사이다. 성은 김씨(金氏). 호는 설암(雪巖). 평안남도 강동(江東)출신. 응소(應素)의 아들이다. 10세에 원주 법흥사(法興寺)로 출가하여 종안(宗安)의 제자가 되었고, 뒤에 구이 선사(九二禪師)에게서 경론(經論)을 배웠다. 만년에 묘향산에서 수년을 은거하다가 입적하였다. 문도들이 다비(茶毘)

하여 얻은 사리(舍利) 5과(顆)를 낙안(樂安 : 昇州)의 징광사(澄光寺)와 해남 대흥사에 분장(分藏)
하였다.
진송(秦松) : 진시황(秦始皇)이 봉선을 행하러 태산(泰山)에 올라갔다가 폭풍우를 만나자 나무 아
래에서 쉬고는 그 나무를 오대부(五大夫)에 봉했던 고사가 전한다.
—『史記』,「秦始皇本紀」.

其二
南國千年寺 東風此日行
仙遊離世遠 詩句得僧淸
壑月前朝色 樓鐘後夜聲
名山無久計 回首有餘情

남쪽 천 년의 사찰에
동풍이 금일에 불면
신선으로 놀다 세상을 영원히 여의었고
시구는 스님이 얻은 청정함이다.
계곡 달빛은 아침 이전의 모습이요.
누각의 종소리는 새벽 소리이다.
명산은 오래도록 계획 없는데
고개를 되돌리는 정이 남았네.

其三
殘春貪佛日 薄暮上禪樓
花臉紅初謝 山光翠欲流
窓虛偏得月 溪近易生秋

無復能拘碍 移時獨冶遊

남은 봄은 불일(佛日)을 탐하고
황혼은 누각에서 상선(上禪)을 한다.
붉은 꽃이 처음으로 지니
산색은 푸르름으로 흐르려고 한다.
창밖으로 달이 지니
계곡 가까이 가을이 온다.
다시는 구애할 것 없으니
때에 따라 홀로 자유롭다.

주(註).
박모(薄暮) : 해가 진 뒤 컴컴해지기 전까지 살짝 어둠이 깔린 상태. 저녁 무렵. 땅거미가 질 무렵.
황혼.
검홍(臉紅) : 얼굴이 빨갛다. (노하거나 흥분하여) 얼굴이 붉어지다.
초사(初謝) : 생겨난다는 것은 법(法)이 처음으로 일어나는 것[始興]이요, 멸하여 사라진다는 것은
법이 처음으로 떠나가는[初謝] 것입니다. 처음으로 떠나간다는 것은 본래는 있었는데 지금은 없는
것이요, 처음으로 일어난다는 것은 본래는 없었는데 지금은 있는 것입니다.
―『십문변혹론』3권.
구애(拘礙) : '구애(拘礙)'에는 세 가지가 있으니, 탐구애(貪拘礙) · 진구애(瞋拘礙) · 치구애(癡拘
礙)를 가리킨다.
―『대승아비달마잡집론』7권.
야유(冶遊) : 주색에 빠져 방탕하게 노는 것. 술과 여자에 빠져 방탕하게 놂.
대범천은 상선(上禪)을 닦으면 이곳에 난다.
범보천은 중선(中禪)을 닦으면 이는 귀범(貴梵)으로서 나는 처소이다.
범중천은 하선(下禪)을 닦으면 여러 소범(小梵)들이 나는 처소이다.
―『경율이상』1권.

曹溪山毘盧庵
조계산비로암

洞深山自僻 人遠境誰爭
俯仰乾坤大 東西日月明
倦飛雙去鳥 巧語獨流鸎
愛此忘歸地 斜陽半壁橫

골 깊은 산에 스스로 숨어들어
사람들과 멀리 떨어져 누구와 다툴까.
우러러도 굽어도 하늘땅이 드넓고
동서로 해와 달이 밝다.
날으는 것도 게을러 쌍으로 걸어가는 새
교묘한 말을 홀로 유창히 하는 꾀꼬리
참으로 좋은 이곳에서 돌아갈 곳을 잊으니
석양빛이 한쪽 벽을 가로지른다.

주(註).
원경(遠境) : 중앙으로부터 멀리 떨어져 있는 국경.
부앙(俯仰) : 아래를 굽어보고 위를 우러러봄.
권비(倦飛) : 나는 일에 싫증이 나다. 지쳐서 고향을 생각하다.
교어(巧語) : 교묘하고 그럴듯하게 꾸며 대는 말.
반벽(半壁) : 반분(半分). 반쪽. 절반. 한 부분.
사양(斜陽) : 해 질 무렵에 비스듬히 비치는 햇빛.
—『설암선사난고雪巖禪師亂藁』卷之第一.

松廣板上韻
송광판상운

黃葉前朝寺 靑鞻向晚行
禪襟離俗靜 詩句得僧淸
鳥外峯千疊 林中磬一聲
天花與珠樹 俱是愜幽情

황엽은 전 시대 절 이야기.
푸른 짚신 신고 늦게 떠난다.
참선으로 속세를 여읜 고요함에
시구는 스님이 얻은 청정함이다.
산새는 천첩 산봉우리 밖에 날고
숲 가운데 경쇠 소리 울린다.
하늘 꽃 진주 나무
모두가 흐뭇한 깊은 정이라네.

주(註).
황엽(黃葉) : 어린아이의 울음을 그치게 하기 위하여 낙엽을 돈으로 속여 주는 것을 말한다. 『涅槃經』 「嬰兒行品」에 전한다. 황엽지제전(黃葉止啼錢)이라고 하여 선에서 스승이 제자를 가르칠 때 방편을 쓰는 것을 비유하였다.
선금(禪襟) : 참선하는 이가 자신을 가리키는 말.
유정(幽情) : 마음속 깊이 간직한 감정.

次松廣寺板上韻
차송광사판상운

一派寒溪岸 千年古寺樓
複棟連上界 層影落中流
簾箔迎新霽 清凉擬晚秋
登臨駭遠矚 此地即仙遊

물결치는 차가운 계곡
천 년 고찰의 누각에
겹친 용마루는 연화 세계로
층층이 그림자 떨어져 흐른다.
발을 들어 비 갠 하늘 우러르니
청량하기가 늦은 가을을 의심하게 하네
임경당에 올라 멀리 바라보고 깜짝 놀라
이곳이 신선이 놀던 곳인가 한다.

주(註).
신제(新霽) : 눈·비가 그치고 날이 맑아지다.
원촉(遠矚) : 멀리 보다.

又
春風千里道 晴日獨登樓
珠箔無塵想 沙門有道流
峯高遲得月 溪近易生秋

庾興終難盡 他年更此遊

봄바람 천 리 길
맑은 날 홀로 누각에 오른다.
구슬발은 아무런 생각 없는데
사문은 흐름을 이야기하려 하네
높은 봉우리 늦게 뜨는 달
계곡 가까이 오는 가을
쌓인 흥을 마침내 다할 수 없어
다른 해에 다시 이곳을 찾으리라.

又
昇平多勝槩 登眺有玆樓
花影紅將斂 山光翠欲流
溪風來向晩 盾日爽愈秋
杖錫明朝遠 瑤池夢一遊

승평에 수승한 경치 많지만
올라 볼 수 있는 이 누각은
꽃 그림자 붉게 간직하고
산빛은 푸르름으로 흐르려 하네
계곡 바람 늦게까지 불어오면
더운 날 시원함은 더욱 가을이어라
지팡이 짚은 아침은 멀리서 밝고

연못은 꿈속에 노린다.

又
壺天藏別界 無地架危樓
遠近金沙濶 玲瓏玉水流
山鳴鍾獨曉 松老月千秋
景物渾如此 何須汗漫遊

호천장의 별세계는
무지(無地)에 세운 위태로운 누각으로
멀리 가까이 넓은 금모래에
영롱한 옥수가 흐른다.
산을 울리는 종소리 홀로 깨어
늙은 소나무 천 년을 비추는 달
경치와 물이 혼연히 이와 같은데
어찌 공허하게 놀기만 하리오.

주(註).

호천세계장(壺天世界藏) 후한(後漢) 때 호공(壺公)이란 선인(仙人)이 시장에서 약(藥)을 팔면서 밤이 되면 병 속으로 들어갔는데, 한번은 시연(市掾) 비장방(費長房)이 그곳을 따라 들어가 보니, 완연하게 별천지가 있었다는 고사에서 온 말이다.

—『후한서後漢書』「비장방전費長房傳」

위루(危樓) : 매우 높아 위험스럽게 보이는 누각.

혼연(渾然) : 다른 것이 조금도 섞이지 않고 고르게.

한만(汗漫) : 공허하다. 물이 (질펀하게) 아득히 넓은 모양. 허황하다.

—『설암잡저雪巖雜著』卷第二.

약탄 영해 影海 若坦(1668~1754)

謹次無用大和尙曹溪水石亭韵
근차무용대화상조계수석정운

山水淸姸詩未狀 鳥聲長短畫難能
欲知和尙偏憐此 疑效當年六葉僧

산수의 맑고 고움 시로 다하지 못하고
새소리 길고 짧음 그림으로 그려 내기 어렵네
화상께서 유독 이를 아낀 뜻 알고자 하거든.
그해 본받은 여섯 제자를 생각해야 하네.

謹次水石亭韵
근차수석정운

迥臨飛閣上 疑是武陵僊
洞裏花心嬾 庭際屐齒穿
清歡雖共客 眞樂獨全天
抱朴無餘事 忘機坐兀然

멀리서 나르는 듯 누각에 오르니
마치 무릉의 신선인 듯 하네
골짜기 안에는 꽃술이 늘어지고
정원 주변엔 부서진 나막신.
청아한 기쁨은 나그네와 함께할 수 있지만
참된 즐거움은 외로이 온전한 하늘이네
순박함 품고 별다른 일 없이
기미마저 잊고 홀로 우뚝 앉았네.

주(註).
영해(影海, 1668~1754) : 선승(禪僧). 자는 수눌(守訥), 호는 영해(影海). 광산 김씨(光山金氏). 전라남도 고흥 출신. 10세에 출가하여 능가사(楞伽寺)의 득우장로(得牛長老)의 제자가 되었다. 17세에 무용 수연(無用 秀演)을 찾아가서 가르침을 청하였다. 18세에 수연의 허락을 얻은 뒤 계(戒)를 받았으며, 22세부터 불경을 배웠다. 저서로는 3권의 문집이 있었으나, 2권은 없어지고 오직『영해대사문집影海大師文集』1권만이 전해 오고 있다.
청연(淸姸) : 맑고 아름답다.
포박(抱朴) : 소박(素朴)을 품다. 명예나 사욕이 없이 자기의 본분을 지키다.
올연(兀然) : 홀로 우뚝한 모양을 나타내는 말.
─『영해대사시집초影海大師詩集抄』

허정 법종 虛靜 法宗(1670~1733)

松廣寺無用大師韻次
송광사무용대사음차

松月當牎白 巖泉入戶鳴
見聞皆活物 獨坐意惺惺

소나무 위에 달이 뜨니 창이 환하고
바위샘 물소리 문으로 들어온다.
보고 듣는 모든 것이 살아 있는 물건으로
홀로 앉아 있어도 그 마음 또렷하다.

주(註).
허정(虛靜) : 허정 법종(虛靜法宗, 1670~1733)의 속성은 전씨(全氏), 본관은 완산이다. 12세에 옥잠(玉岑)에게 출가했다. 화엄의 원돈(圓頓) 법계(法界)에서 깨우침을 얻었고 묘향산에서 월저 도안(月渚道安, 1638~1715)으로부터 대장경을 배웠다. 저술로 시문집인『허정집』이 있다.
성성(惺惺) : 머리가 맑다. 총명하다.
—『허정집虛靜集』卷之上.

송계 나식 松桂 懶湜(1684~1765)

順天松廣寺
순천송광사

羣峯聳出白雲端 萬疊洞中寶殿寬
幽谷奇巖千佛靜 深山淸籟萬松寒
高臺淨界乾坤別 衆處禪菴日月閑
應是人間開闢節 天公粧點作僧關

많은 봉우리가 흰 구름 밖으로 솟아
1만으로 겹친 골짜기에 보배 전각 널찍하다
아득한 계곡 기이한 바위에 1천 부처 정밀하고
깊은 산 맑은 바람 소리 1만 소나무 서늘하다
높은 누대 정토 세계는 땅과 하늘 다르고
여러 곳의 선원과 암자 해와 달 한가롭다.
응당 인간 세계가 처음 열리던 날
조물주가 점지하여 승려의 관문을 지었다.

주(註).

나식(懶湜, 1684~1765) : 조선 후기 승려 나식의 시가와 산문을 엮어 1822년에 간행한 시문집이 있다. 자는 취화(醉花), 호는 송계(松桂) 또는 회암(檜岩)이며, 환성(喚醒)의 적손(嫡孫)인 대암화상(大庵和尙)의 법을 받았다.

운단(雲端) : 구름 속.

청뢰(淸籟) : 맑은 바람 소리.

정계(淨界) : 정토(淨土). 부처와 보살이 사는 곳으로, 번뇌의 구속에서 벗어난 아주 깨끗한 세상.

개벽(開闢) : 천지가 처음으로 생김.

천공(天公) : 종교적인 숭배 대상이나 초자연적이고 불가사의한 신앙의 대상. 하느님.

장점(粧點) : 좋은 터를 골라서 집을 지음.

―『송계대선사문집松桂大禪師文集』卷二.

월성 비은 月城 費隱(1710~1778)

次松廣水石亭韻
차송광수석정운

憑欄心便逸 何用謾求仙
岳色連眸淨 溪聲爽耳穿
渾非塵世境 知有別般天
幾積登臨債 今來意豁然

난간에 기대니 마음이 편안하니
어떤 오만함으로 신선 구하리요.
산색은 눈을 맑게 하고
개울 물소리는 귀를 상쾌하게 한다.
혼탁한 속진 세상의 경계가 아니니
다른 세상 있음을 알겠네.
몇 번이고 오르고 싶은 마음 쌓였더니
이제야 마음이 탁 트이네.

주(註).

『월성집月城集』은 월성 비은(月城 費隱, 1710~1778)의 시가와 산문을 엮어 1798년에 판각한 시문집이다. 월성의 제자 홍준(鴻俊)이 1795년 채제공과 충청도 관찰사 이형원의 서문을 받아 판각한 것에 이어 1805년에 곡성 현감 이재순의 서문을 받아 추가로 판각했다. 판목은 전라도 곡성의 관음사 대은암에 안치했다. 『월성집』은 지방 수령이나 책방들과 주고받은 글과 유학자들에게 보내는 편지, 시 등 18세기 호남 지역에서 활약한 승려의 모습을 잘 보여 주는 책이다.
—『월성집月城集』.

묵암 최눌 黙庵 最訥(1717~1790)

次松廣寺水閣待價韵
차송광사수각대가운

乾坤心裏影 魚鳥鏡中奇
齊物非他事 何人不自知

하늘과 땅은 마음속 그림자이며
물고기와 새는 거울 속 신기함이다.
시주한 물건은 작은 일 아니니
어느 사람인들 잘 알지 못하리오.

주(註).

최눌(最訥, 1717~1790) : 본관은 밀양(密陽)이고, 성은 박씨(朴氏)이다. 최눌은 전라도 흥양현(興陽縣 : 현 전라남도 고흥군) 장사촌(長沙村) 출신이다. 호는 묵암(黙庵), 법명(法名)은 최눌(最訥), 자는 이식(耳食)이다. 부휴계(浮休系)의 적전 풍암 세찰(楓巖世察, 1688~1767)의 법맥을 이었다. 화엄을 비롯한 교학에 정통하여 『화엄품목華嚴品目』, 『제경회요諸經會要』, 『묵암집黙庵集』 등의 저술을 남겼다. 대둔사(大芚寺)의 연담 유일(蓮潭有一)과 부처의 마음과 중생의 마음이 같은지 다른지의 문제를 둘러싼 심성 논쟁을 펼쳤다.

次李芝峯題松廣寺三淸閣三韵
차이지봉제송광사삼청각삼운

(一)
揮錫雲林撥 鳴磴石逕行
境勝從天作 僧眞得氣淸
月籠沙岸白 風激澗松聲
畫閣虹橋在 何人不繫情

떨치는 석장(錫杖)에 구름을 걷히고
발자국 울리는 소리 돌길을 간다.
경치의 수승함은 하늘로부터 만들었고
스님은 진실로 맑은 기운을 얻었다.
달이 비추는 모래 언덕은 밝고
바람 부니 냇가 소나무 소리 난다.
화려한 전각은 홍교 위에 있어
어느 누가 느끼는 감정 없으리.

주(註).
운림(雲林) : 구름이 걸쳐 있는 숲
홍교(虹橋) : 무지개다리

(二)
物外心塵淨 人間事數重
樓臺留漢日 松石避秦封
門掩先生柳 山多處士松
蜂房僧拜佛 半夜月邊鐘

온갖 것 떠난 마음 깨끗하나
인간사는 거듭된다.
누대(樓臺)에 머무는 한(漢)나라 태양
비를 피하게 해 준 돌과 소나무 대부로 봉해지고
문 앞에 늘어선 도연명의 버들
산에 많은 처사송
벌집 같은 방 부처님께 예배하는 승려들
밤 깊으니 종각 주변을 서성이는 달.

주(註).
선생류(先生柳) : 도연명이 심은 버드나무를 지칭한다. 집 주위에 다섯 그루의 버드나무를 심고,
인하여 호로 삼았다.
한일(漢日) : 한(漢)나라의 태양이.
진봉(秦封) : 소나무.
봉방(蜂房) : 송송 뚫어진 벌집의 방.
진봉(秦封) : 진시황이 태산(泰山)에 올라가 봉선(封禪)을 행하려고 하는데 폭풍우가 몰아친 일이
있었다. 그래서 할 수 없이 봉선을 중지하고 다섯 그루의 소나무 밑에서 비를 피하였는데, 후에 그
소나무를 기려서 대부(大夫)로 봉해 주었다고 한다. 『史記 卷6 秦始皇本紀』.

(三)
千年松廣寺 萬古枕溪樓
青嶂磨天立 寒川打石流
鏡堂長影水 香樹幾經秋
勝賞知難得 何妨秉燭遊

천 년의 송광사
변함없는 침계루
푸른 산봉우리 하늘을 맞닿아 서 있고
임경당 물에 비친 긴 그림자
메마른 향나무는 몇 가을 지냈는가.
좋은 경치 감상할 줄 알아 얻기 어려워
촛불 켜고 노니는 것을 어찌 방해하리오.

주(註).
만고(萬古) : 오랜 세월을 통해 변함이나 유례가 없음.
청장(青嶂) : 길게 연하여 있는 푸른 산봉우리들.
병촉(秉燭) : 손에 촛불을 잡는다는 뜻으로, 촛불을 켬을 비유적으로 이르는 말.
—『묵암대사시초默奄大師詩抄』卷初.

遊吟松廣寺
유음송광사

畵界乾坤洞壑勝 跨灘橋閣立神功
雷轟白日添新雨 漏箭玄霄滴舊銅
曉月影侵桐葉露 山鳥聲送栗林風
莫敎後世留斯者 破戒塵容髮亂逢

그림 세계 같은 하늘과 땅 수승한 계곡
개울에 걸친 듯 세운 다리와 전각은 신의 공력이다.
천둥 번개 소리가 마른하늘에 새로운 비를 더하고
물시계 침은 밤하늘 오래된 동 그릇에 물방울 맺힌다.
새벽달 그림자는 오동잎 이슬을 침범하고
산새들 소리는 밤나무 숲 바람으로 보내네.
후세에 이에 머물러 가르치려 하지 마라
파계한 속된 얼굴로 머리카락이 쑥대처럼 어지럽다.

주(註).
누전(漏箭) : 물이 줄어드는 정도로 시간을 알아볼 수 있도록 눈금을 새겨 물시계의 누호 안에 세워 놓은 화살. 물시계의 침.
─『순천옛시』 4부, p.350.

완화 처해 玩華 處解(재세미상~1719~)

松廣寺 重揭牧隱先生 詩板謹次(1)
송광사 중게목은선생 시판근차

停驂何日倚高樓 詩上淸風吹不休
朱檻縱然經劫火 碧紗猶復揭楣頭

말을 멈추고 어느 날에 높은 누각을 의지하였는가.
쓰인 시(詩) 위로 청풍이 그치지 않고 부네.
붉은 글씨 현액에 겁화가 지났어도
푸른 비단 글씨로 오히려 다시 문 위에 걸리네.

주(註).
완화 처해(玩華 處解) : 송광사 승려. 무용의 제자이다.
종연(縱然) : 설사 ……하더라도.
겁화(劫火) : 세계가 파멸될 때에 일어난다는 큰불. 임진왜란 정유재란.
벽사(碧紗) : 짙고 푸른색의 비단.

松廣寺 重揭牧隱先生 詩板謹次(2)
송광사 중게목은선생 시판근차

三淸寶界淨無塵 十六王師摠聖眞
要內福田終我老 不放甁錫寓斯頻

삼청의 보계는 맑아 티끌 하나 없고
십육 국사는 모두 참 성인이네.
복전 안에서 내가 늙어 마치기를 바라며
정병과 석장자를 놓지 않고 자주 의지하였네.

주(註).

보계(寶界) : 극락정토. 연방세계.

정병과 석장(甁錫) : 승려를 지칭한다. 정병과 석장은 승려가 반드시 지녀야 할 '비구 십팔지물
(十八持物)'에 포함된다.

―『조계산송광사지曹溪山松廣寺誌』,『순천옛시』, 4부, p. 343~344.

경암 응윤 鏡巖 應允(1743~1804)

曹溪山松廣寺記
조계산 송광사기

自大興至松廣寺寺之右崗讀寺蹟碑新羅僧慧隣肇創小庵庵墟而至高麗明
宗承安二年普照國師出世而建大刹法殿僧寮百有餘所九載訖功舊號松廣
山吉祥寺明宗改爲曹溪山修禪社中分一國伽藍盡隷此寺今云松廣盖取古
之山名也

대흥사에서부터 송광사에 이르러 절 오른쪽 언덕에 있는 사적비를 읽었다.
신라의 스님 혜린(慧隣)이 처음으로 작은 암자를 세웠는데 폐허가 되고, 고
려 명종 승안(承安) 2년(1197)에 이르러 보조국사가 세상에 나서면서 큰 사
찰로 세워졌다. 법전과 요사채가 100여 곳으로 9년을 공을 들여 마쳤다. 옛
날에는 송광산(松廣山) 길상사(吉祥寺)라고 하였으나 명종이 조계산(曹溪
山) 수선사(修禪寺)로 고쳤다. 나라의 가람을 반으로 나누어 모두 이 절에
예속(隷續)시켰다. 오늘날 송광사라고 부르는데 대개 옛 산 이름을 취한 것
이다.

兵燹後古物無幾今見普照舍利若願佛若御賜法服若銅器能見難思在香爐
殿又綾書長幅墨跡觸手飛碎惟大定 四年字可記水閣外一條死檀骨立即國
師手植而同歸涅槃者也歷風霜半千年數而危竿不墜天子庵亦有國師手植
生檀大連數抱枝幹皆下垂一人微觸應手有情數十人同撼亦不過如是相傳
國師自中國杖來倒植殆乎無稽而盖此榮枯兩隻豈靈山鶴樹之比者歟

병란 후에 옛 기물이 얼마 남지 않았다. 지금은 보조국사의 사리와 원불(願佛), 임금이 하사한 법복, 동기(銅器)인 능견난사(能見難思)만이 향로 전에 있다. 또 비단에 쓰인 긴 폭의 묵적(墨跡)이 있는데, 손에 닿는 즉시 부서져 날아간다. 오직 '대정(大定) 4년'(1164)이라는 글자만 알아볼 수 있다.

수각(水閣) 밖에는 한 그루 죽은 단향목(檀香木)이 뼈대만 서 있는데 곧 국사께서 손수 심은 것으로 함께 열반에 들었다. 500여 년의 풍상을 지나고도 위태롭게 솟아 무너지지 않았다. 천자암(天子庵)에도 또한 국사가 손수 심은 살아 있는 향나무가 있는데 크기가 몇 아름이나 되고 가지가 모두 아래로 드리워져 있다. 한 사람이 약간만 건드려도 손에 응하는 정감이 있고 수십 인이 함께 흔들어도 마찬가지이다. 전해지기로는 국사가 중국으로부터 지팡이로 짚고 와 거꾸로 심은 것이라고 하지만 거의 근거가 없다. 대개 이 번성한 나무와 메말라 죽은 나무는 영산 학수(靈山鶴樹)에 견줄 수 있겠다.

眞如門內號上七殿曰說法殿東方丈普照當年揮塵安禪之所故寺人重之如在之慕而三日庵現爲禪者冀北制律與七佛可伯仲而絕炊遺形過之曰白雪遮眼二堂爲東方丈左右而曰青雲上下社爲羅漢殿左右皆以淨清衲僧居之

진여문(眞如門)을 들어서면 7전(殿) 위를 '설법전'이라고 하는데, 동쪽 방장실은 당시에 보조국사가 안선하던 곳이다. 이 때문에 절의 대중이 귀중히 여겨 국사가 계신 듯이 사모한다. 삼일암(三日庵)은 현재의 선객을 위하여 많은 제도와 규율을 제정하였는데 칠불암과 백중을 이루었다. 끊어진 자취는 형상만 남기고 지나갔다. 백설당(白雪堂)과 차안당(遮眼堂)은 동쪽으로 방장의 좌우가 되고 상·하의 청운사(青雲社)와 상사당(上舍堂) 하사당(下

舍堂)은 나한전의 좌우가 되어 모두 청정한 납승이 거처한다.

十六祖師影殿額曰慈陰堂以普照爲主壁而眞覺淸眞眞明慈眞圓鑑慈靜慈
覺湛堂慧鑑慈照慧覺覺圓淨慧覺眞高峰十五祖師配享昭穆並懶翁無學爲
十八住持至如臨鏡堂凌虛閣水石亭特風流之最不與此錄云爾

16조사의 영전(影殿) 편액은 자음당(慈陰堂)이다. 보조를 주벽(主壁)으로
하여 진각(眞覺)·청진(淸眞)·진명(眞明)·자진(慈眞)·원감(圓鑑)·자정(慈靜)·
자각(慈覺)·담당(湛堂)·혜감(慧鑑)·자조(慈照)·혜각(慧覺)·각원(覺圓)·정혜
(淨慧)·각진(覺眞)·고봉(高峰) 15조사이다. 차례에 따라 배향되어 나옹과
무학을 합쳐 18주지가 된다. 임경당(臨鏡堂)·능허각(凌虛閣)·수석정(水石
亭)은 특히 풍류가 빼어나기에 여기에는 기록하지 않을 뿐이다.

주(註).

응윤(應允, 1743~1804) : 요약 조선 후기 진희장로에게 머리를 깎고 한암으로부터 구족계를 받은 승려. 성은 민씨(閔氏). 본관은 여흥(驪興). 처음의 법명은 관식(慣拭), 뒤에 고친 법명은 응윤. 법호는 경암(鏡巖). 경호(鏡湖) 출신. 어머니인 오씨(吳氏)가 계명산(鷄鳴山)에서 기도하여 그를 낳았다. 입적 후에 문인들이 그의 시문을 모아『경암집(鏡巖集)』3책을 출간하였다.

중분(中分) : 하나를 둘로 똑같이 나눔.

무계(無稽) : 황당무계하다. 근거가 없다. 터무니없다.

능견난사(能見難思) : 29점의 바리때 이름이다. 송광사 제6대 국사인 원감 국사 충지(沖止 1226~1292)가 원나라에 다녀오면서 가져왔다고 전해진다. 제작 기법이 특이하여 어느 순서로 포개어도 크기가 오묘하게 딱 들어맞는다고 한다. 조선 숙종이 장인(匠人)에게 그와 똑같이 만들어 보도록 명하였으나 결국 실패하자 '보고도 못 만든다.'라는 의미로 왕이 친히 '능견난사(能見難思)'라는 이름을 지어주었다고 전해진다.

영산 학수(靈山鶴樹) : 인도 중부 구시나가라성 밖의 발제하(跋提河) 언덕에 있던 사라수림(沙羅樹林)의 별칭이다. 석존이 입멸하신 보상(寶床)의 네 귀에 4쌍 8본의 사라수가 있었는데, 한 나무는 무성하고 한 나무는 말랐으므로 4영(榮) 4고(苦)라 하며, 또 그 잎이 말라 죽어서 흰 학(鶴)과 같은 색이 되었으므로 학림(鶴林) 또는 학수(鶴樹)라고 한다.

양의(兩儀) : 양의(兩儀)가 한 쌍이 됨을 이른 것이다. 양의는 양척(兩隻)이라는 말과 같으니, 바로 한 쌍을 이른다.

영고(榮枯) : 세월이 흐름에 따라 변전하는 번영과 쇠락.

안선(安禪) : 안선(安禪)(하다). 좌선(坐禪)(하다).

불진(拂塵) : 불자(拂子). 사슴의 꼬리(鹿尾)로 만든 총채. 위진(魏晉) 때 청담(淸淡)을 즐기던 사람들이 많이 가지고 다녀 담론(談論)을 뜻하기도 하는데, 나중에는 선종(禪宗)의 승려들도 애용하였다.

기북(冀北) : 중국 기주冀州의 북쪽 지방은 예부터 천리마의 산실이다. 학인의 뛰어난 수행과 역량을 비유한 말이다.

백중(伯仲) : 실력이나 기술 따위가 서로 엇비슷하여 더 낫고 더 못함이 없음.

소목(昭穆) : 사당에 조상의 신주를 모시는 차례.

배향(配享) : 종묘에 공적이 있는 신하의 신주를 모심.

운이(云爾) : 문장 끝에 쓰여 앞의 말을 돕는 어조사. 이와 같다.

―『경암집鏡巖集』卷之下.

인파 축현 仁坡 竺絃 (재세미상~1849~)

題松廣寺壁
제송광사벽

曹溪山屹千秋色 松廣松靑四節春
丈夫一諾堅如彼 肯作平生碌碌人

조계산은 우뚝 솟은 천 년의 빛이요
송광사의 푸르른 솔은 사철 봄이라
장부의 한 번 허락한 견고함이 저와 같으니
어찌 평생토록 평범한 사람이라 하리오

주(註).
인파 축현(仁坡竺絃) 생몰 년대 미상. 계오(戒悟, 1773~1849)가 우기(祐祈)의 법을 이었다.
일낙(一諾) : 한 번 승낙함.
녹녹(碌碌) : 녹록하다. 평범한 모양.
―『대동영선大東詠選』

천연자리봉낙현 天然子离峯樂玹(1814~1890)

題水石亭
제수석정

謾尋緣水石 安得與神仙
兩羽相如化 六竅自欲穿
雨花搖白日 玉笛下靑天
不見亭中老 扶黎倍黯然

늦게 찾은 수석정에
편안함이 신선인 듯하다.
양쪽 날개가 나오는 듯하고
여섯 감각이 저절로 뚫린다.
꽃비가 해를 흔들고
옥피리에 하늘이 푸르르다.
보지 못했는가, 수석정 중늙은이를
부여잡은 지팡이에 암연함만 더한다.

주(註).

천연자리봉낙현(天然子离峯樂玹) : 스님의 휘는 낙현(師諱樂玹). 자는 천연(字天然). 리봉이 그의 호(离峰其號也)이다. 그의 선대는 가락 왕족으로 아버지는 김원중(其先駕洛王族 其考曰金願中), 그의 어머니는 박씨(其妣曰朴氏)이다. 나이 십삼 세에 청계사에서 머리를 깎았다.(年十三 薙髮於 淸溪寺) 만년에 보조암에서 원적에 들었다. 세수는 팔십칠 세이다.

—『명미당집明美堂集』.

암연(黯然) : 슬프고 침울하게. 어두운 모양. 암연하다.

백일(白日) : 구름이 끼지 않은 맑은 날의 밝게 빛나는 해. 태양. 백주(白晝). 대낮.

*온갖 유정으로서 끊어야 할 모든 받아들임에 세 가지 연(緣)으로 말미암아 일어난다. 첫째는 욕심(欲緣)의 연이니 미래 세상을 말하는 것이며, 둘째는 찾음(尋緣)의 연이니 과거 세상을 말하는 것이며, 셋째는 닿임(觸緣)의 연이니 현재 세상에 있어서 앞에 나타나는 경계이다.(嗢拕南曰 : 受生起劣等 諸受相差別 見等爲最勝知差別問記 一切有情應斷諸受略由三緣而得生起 一者欲緣, 謂於 未來世, 二者尋緣, 謂於過去世, 三者觸緣, 謂於現在世, 現前境界)

—『유가사지론』96권.

범해 각안 梵海 覺岸(1820~1896)

松廣寺臨鏡堂乙亥年
송광사임경당을해년

獨上三淸閣 睠言羽化仙
白魚溪面躍 黃鳥洞心穿
杖立圈中地 鐘鳴物外天
慇懃心事在 重到未超然

나 홀로 삼청각에 올라.
우화 신선 돌아보니
흰 물고기 물 위로 뛰어오르고
꾀꼬리는 골짜기 가로지른다.
지팡이 세운 주변 땅에
종소리 하늘 밖으로 울린다.
은근한 심사 남아 있어.
거듭 왔지만 초연하지 못하네.

주(註).

각안(覺岸, 1820~1896) : 조선 후기『동사열전』,『범해선사유고』등을 저술한 승려. 선승(禪僧). 경주 최씨. 법호는 범해(梵海), 자는 환여(幻如), 자호는 두륜산인구계(頭輪山人九階). 각안은 법명이다. 아버지는 철(徹)이며, 전라남도 완도 출생. 1833년(순조 33년) 두륜산 대둔사(大芚寺)로 가서 출가하였고, 1835년 호의(縞衣)를 은사로 삼고 하의(荷衣)에게서 사미계를 받았으며, 초의(草衣)로부터 구족계를 받았다. 저서로는 고승전인『동사열전東師列傳』을 비롯하여『범해선사유고梵海禪師遺稿』·『범해시고梵海詩稿』·『경훈기警訓記』·『유교경기遺敎經記』·『사십이장경기四十二章經記』·『사략기史略記』·『통감기通鑑記』·『진보기眞寶記』·『박의기博儀記』·『사비기四碑記』·『명수집名數集』·『동시선東詩選』·『은적사사적隱跡寺事蹟』등이 있다.

木念珠頌
목염주송

我有圓明木念珠 造成功德筆難書
手持默坐心歸佛 項掛徐行服異儒
憍梵永離輕弄報 澄觀終守重盟軀
如何百八精神骨 利涉山川忝在吾

나에게 둥글고 밝은 나무 염주 있으니
염주 만든 공덕은 붓으로 다 쓰기 어렵고
손에 잡고 묵묵히 앉아 마음으로 부처님 생각하고
목에 걸고 다니니 입은 옷이 유생들과는 다르네.
교범은 가볍게 희롱한 과보를 영원히 벗어났고
징관은 거듭 맹세하며 몸을 끝내 지켰다.
백팔 개 정신의 골수가 어떤 것인가.
산천을 행각하는 이로움은 나에게 있어 더하네.

주(註).

목염주송(木念珠頌) : 나무 염주 송.

교범(憍梵) : 능엄경 이근원통중(楞嚴經 耳根圓通中)의 교범발제(憍梵鉢提)를 가리킨다.

징관(澄觀 738~839) : 중국 당나라 스님. 화엄종 제4조. 자는 대휴(大休), 청량산에 있었으므로 청량 대사라 하였다.

청량 국사의 열 가지 맹세 가운데 '손에서 원명한 염주를 놓지 않겠다(手不釋圓明之珠).'

청량 국사 십사자려(十事自勵)

第一、體不捐沙門之表 ; 몸은 사문의 표상을 손상하지 않는다.

第二、心不違如來之制 ; 마음은 여래의 법을 어기지 않는다.

第三、坐不背法界之經 ; 앉아서는 화엄경을 등지지 않는다.

第四、性不染情愛之境 ; 성품은 애정의 경계에 물들지 않는다.

第五、足不履尼寺之塵 ; 발로는 비구니 절의 티끌도 밟지 않는다.

第六、身不觸居士之榻 ; 몸으로는 거사의 의자에 앉지 않는다.

第七、目不視非儀之彩 ; 눈으로는 법답지 않은 채색은 보지 않는다.

第八、舌不味過午之餚 ; 혀로는 정오가 지나면 간식을 하지 않는다.

第九、手不釋圓明之珠 ; 손으로는 둥근 염주를 놓지 않는다.

第十、宿不離衣鉢之側 ; 잠들 적에는 가사 발우 곁을 떠나지 않는다.

*여하(如何) : 일부 명사 뒤에 쓰여, 그 형편이나 정도가 어떠한가의 뜻을 나타내는 말. 어떻게. 어떠냐. 어떤.

—『범해선사시집梵海禪師詩集』第一.

우행 우담 禹行 優曇(1822~1881)

題水石亭
제수석정

王城豪傑士 遯世學金仙
石壁朝雲塞 松窓暮月穿
百年身事佛 一節志能天
天下何思慮 空門春浩然

왕성의 호걸들이
세상을 벗어나 불법을 배운다.
석벽으로 구름을 가리고
송창(松窓)으로 저녁달이 비춘다.
백 년을 부처님 섬기니
한 번 품은 절개 하늘도 안다.
천하에 무슨 생각하는가.
공문의 봄은 크고 드넓다.

주(註).

우담 강백(優曇 講伯, 1822~1881) : 스님의 법명은 우행(禹行)이고 자(字)는 홍기(洪基)이며, 호는 우담(優曇)이고 속성은 권(權)씨이며, 안동에서 출생했다. 아버지는 중국(重國)이고 어머니는 조(趙)씨이다. 도광(道光) 임오년(순조 22년, 1822) 3월 3일에 태어났다. 15세에 출가할 뜻을 품고 순흥 희방사(喜方寺)를 찾아가 자신(自信) 장로에게 의지하여 머리를 깎았다. 대교(大敎)는 침명(枕溟)의 강석에서 배웠고, 인파율사(仁坡律師)에게 율을 받았으며, 연월(蓮月)의 법맥을 이었다. 저술로는『선문증정록禪門證正錄』1권이 있는데 이 책은 당시의 삼종선(三種禪) 논쟁에서 중요한 위치를 차지하는 문헌이다. 광서(光緒) 6년 신사(고종 18년, 1881) 9월 8일에 입적하였으니, 세속 나이로는 60세이고 승랍은 45년이었다. 스님의 문인 제자로는 담화(曇華) 관훈(寬訓)이 있다.

호연(浩然) : 넓고 성대한 모양. 정대(正大)하고 강직한 모양. 마음이 넓고 뜻이 아주 큰 모양.

─『동사열전東師列傳』第五.

題普照庵
제보조암

白訥靑山叟 附循鳥獸毫
無心雲鎖險 有約月登高
殊道諸仙轍 同歸一馬槽
曹溪淸淨水 洗我七斤袍

어눌한 청산의 늙은이
그 곁에 새와 짐승들이 따르고
무심한 구름은 갇혀 있고
약속이나 한 듯 달은 높이 떴다.
길이 다른 모든 선인의 발자취는
한 마리 말로 구유에 돌아감과 같다.
조계의 청정한 물에
나는 일곱 근의 도포를 빨래한다.

주(註).
산수(山叟) : 산수. 산에 살고 있는 노옹(老翁).
―『조계산송광사지曹溪山松廣寺誌』.

용악 혜견 龍岳 慧堅(1830~1908)

問松廣寺去路
문송광사거로

松廣道場何處在 雲間步入夕陽風
登程初問三峯外 臨寺多遊七殿中
瑞草千般樓下碧 奇花萬品磵邊紅
幸逢淵月和尙主 於敎於禪夜話同

송광 도량은 어느 곳에 있는가.
구름 사이를 걸어 석양 바람에 들어왔다.
가는 길을 처음 삼봉 밖에서 물었는데
절에 다다르니 많은 사람들이 칠전에서 노니네.
상서로운 풀이 천반으로 누각 아래는 푸르고
기이한 꽃이 만 가지로 시냇가는 붉다.
다행히 연월화상을 만나
교와 선을 밤새도록 이야기했다.

주(註).

용악 혜견(龍岳 慧堅, 1830~1908) : 용악 스님은 함경도 함산(咸山)에서 태어났다. 성은 김(金)씨이며 본관은 김해(金海)다. 부친 이름은 김우원(金宇).

부모를 일찍 여의고 13세에 출가한 스님은 안변 석왕사에서 머물며 정진했다. 용악(龍岳)은 법호이고, 혜견(慧堅)은 법명이다. 조선 후기부터 대한제국기까지 생존한 승려로 용악 혜견의 시가와 산문을 엮어 1902년경에 간행한 시문집이 있다.

등정(登程) : 길을 떠남.

칠전(七殿) : 진여문(眞如門) 안쪽 위에 있는 7전殿을 '설법전'이라고 하는데, 『鏡巖集卷之下』.

천반(千般) : 가지가지. 여러 가지.

入松廣寺
입송광사

夏風獨上三淸閣 步步踏來芳草堤
出壑溪聲無內外 當囱山色有高低
一雙靑鳥浮南北 數片白雲起塔西
松廣寺中多勝景 凌虛橋畔夕陽題

바람 부는 여름날 홀로 삼청각에 올라
걸음걸음 향기풀 언덕을 밟아 왔다.
산 계곡 시냇물 소리 내외가 없는데
천장의 산색은 높낮이로 있다.
한 쌍의 푸른 학이 남북으로 날고
수 편의 흰 구름이 탑 서쪽에서 일어난다.
송광사 많은 수승한 경치 가운데
능허교(凌虛橋) 근처 석양에 쓴다.

登三日菴
등삼일암

落莫禪菴遣客興 出塵身勢若神仙
靑燈自照松囱內 皓月虛過竹榻邊
茶椀閒傾能解欝 詩篇倦咏更淸緣
俄然遊戲仍無寐 漏盡鍾聲雲外傳

고즈녁한 선암(禪菴)에서 객을 보낸 여흥에
육진 번뇌 벗어난 몸은 신선과 같아
푸른 등은 자연히 송창(松囱) 안을 비추고
밝은 달은 대나무 침상 변을 부질없이 지나간다.
다완을 한가로이 기울이니 답답함이 풀리고
시 몇 편을 천천히 읊고 나니 다시 맑아졌다.
돌연 한가로움에 이내 잠들지 못하고
갈등 없는 종소리를 구름 밖으로 전한다.

주(註).
낙막(落莫) : 적막하고 쓸쓸함이다.
호월(皓月) : 아주 맑고 밝은 달.
죽탑(竹榻) : 대나무 침대.
아연(俄然) : 생각할 사이도 없을 정도로 매우 급작스럽게.

水石亭
수석정

湖南名勝地 此日訪神仙
瀾水魚能躍 茂林鳥自穿
俯看岩上寺 回望洞中天
幽逕無人到 長欄共欣然

호남 명승지에
오늘에야 찾은 신선
넓은 물에 고기가 날뛰고
무성한 숲에는 새가 날아다닌다.
내려다보면 암석 위에 절이 있고
돌아보면 계곡이 하늘이다.
깊은 오솔길 오는 사람 없고
긴 난간에 모두가 흔연하다.

주(註).
무림(茂林) : 나무가 빽빽하게 우거진 숲.

枕溪樓板上韵
침계루판상운

甘露淸眞歷歷過 斜陽更上枕溪樓
羣峯競秀檻前列 數鳥爭飛山外浮
四五詩朋還惜別 二三騷客又淹留
把衫談話望鄕曲 雲樹窅然去路悠

감로암과 청진암을 역력히 지나
석양빛이 다시 침계루 위를 비춘다.
많은 봉우리는 다투어 난간 앞에 나열하고
수많은 새들이 다투어 날며 산 밖에 떠 있다.
사오 명의 시우들과 석별하고 돌아오면
이삼 인의 시인이 구름일 듯 모여든다.
적삼을 움켜쥐며 담화하는 망향곡은
벗 그리움이 요원하듯 가는 길 아득하다.

주(註).
사양(斜陽) : 해 질 무렵에 비스듬히 비치는 햇빛.
시붕(詩朋) : 시우(詩友). 함께 시를 짓는 친구.
소객(騷客) : 시인과 문.
망향(望鄕) : 고향을 그리워하며 생각함.
요연(窅然) : 정신이 멍함. 또는 그런 모양. 심원하고 요원하다. 실망한 모양.
운수(雲樹) : 벗을 그리워하는 마음을 뜻하는 말로, 두보(杜甫)의 〈춘일억이백(春日憶李白)〉의 "위
수 북쪽엔 봄 하늘에 우뚝 선 나무, 강 동쪽엔 저문 날 구름〔渭北春天樹 江東日暮雲〕."에서 유래한다.

謹次三淸仙閣韵
근차삼청선각운

東國名區松廣寺 暮春佳節等閒留
誰知一鉢天涯釋 便入三淸閣裏遊
普照師風傳百代 曺溪水月幾經秋
擧杯能咏先人題 大醉遽然送客愁

동국의 명승지인 송광사
늦은 봄 아름다운 계절 한가하게 머문다.
누가 알리, 발우 하나 하늘가에 풀어놓고
문득 삼청각 안에 들어 즐길 줄을.
보조의 선풍이 백 대에 전하고
조계의 수월(水月)은 몇 해를 지냈는가.
잔을 들어 능히 선인(先人)을 주제로 시를 읊으며
크게 취해 거연히 객의 근심 잊게 하네.

주(註).
모춘(暮春) : 늦은 봄.
천애(天涯) : 하늘 끝. 하늘가. 아득히 먼 곳.
기경(幾經) : 몇 번 겪다.
거연(遽然) : 깊이 생각하거나 느낄 겨를도 없이 갑자기. 갑자기.

臨鏡堂法侶同唫
임경당법려동금

何人初刱立 傑閣又重重
白月移庭照 靑蘿繞屋封
指頭多恠石 望裏或疎松
步上凭欄歇 諸天報午鍾

어떤 사람이 처음으로 이 절을 세웠을까
걸출한 전각들이 거듭하고
밝은 달이 옮겨 뜰을 비추고
푸른 송라(松蘿)가 집을 둘러 봉했다.
가리키는 것은 많은 괴석이요
바라보는 것은 성근 소나무
걸어 올라 난간에 쉬니
제천에 올리는 정오의 종소리.

주(註).
걸각(傑閣) : 굉장히 큰 누각.
지두(指頭) : 손가락의 끝.
빙란(凭欄) : 난간에 기대다.

登說法殿 十八國師道場
등설법전 십팔국사도량

紫陌塵緣終不得 淩淩佛像古如今
眞如門入世情薄 吉樂臺登道味深
楓葉赤誇飄石壁 菊葩香吐透高林
故鄕千里未歸客 三日菴中又浪唫

나라의 번거로운 인연은 끝내 맺지 않고
드높은 불상은 예나 지금이나 여여하네.
진여문에 들어서면 세상 인정 얇고
길하고 즐거운 대(臺)에 오르니 도의 맛이 깊다.
붉은 단풍잎은 석벽에 몰아치고
국화꽃 향기는 최고의 숲에 퍼진다.
고향 천 리 돌아가지 못한 객은
삼일암에서 물결이 일듯 읊조린다.

주(註).
자맥(紫陌) : 도성(都城)의 길.

登甘露菴
등감로암

甘露菴登坐 山中最上巓
兒僧移藥草 老釋汲茶泉
月影昇沉現 鍾聲斷續傳
忽逢賢主宿 彼此許心天

감로암에 올라앉으니
산중 최상의 산마루이다.
어린 승은 약초를 옮기고
노승은 차샘의 물을 긷는다.
달그림자는 뜨고 지는 것으로 나투고
종소리는 끊어졌다 이어짐으로 전한다.
문득 좋은 주지를 만나 머물게 하니
피차 심천(心天)을 허락한 것이다.

주(註).
현주(賢主) : 어질고 현명한 군주.
허심(許心) : 마음을 허락함.

登清眞菴韵
등청진암운

踽踽徜徉上 斜陽薄暮冥
岸芝朝露郁 庭荔晚風靑
入竈茶烟歇 退樓酒力醒
東西奔走客 此處又閒停

홀로 유유자적 올라오니
석양빛 얇은 어둠이 아득하고
언덕의 지초는 아침이슬 머금고
정원의 여지는 늦바람에 푸르다.
부엌에 들러 차 끓여 다하고
누각으로 물러가니 술기운이 깬다.
동서로 분주하던 객
이곳에서 한가롭게 머무네.

주(註).
우우(踽踽) : 홀로 쓸쓸히 걷는 모양.
상양(徜徉) : 한가로이 거닐다. 유유히 걷다.
여지(荔枝) : 여지는 나무의 높이는 5~6장(丈)쯤 되고 푸른 잎에 꽃은 푸르며 열매는 붉은데, 열매
는 익으면 달고 수즙(水汁)이 많다.
주력(酒力) : 사람을 취하게 하는 술의 힘.
—『용악당사고집龍岳堂私藁集』.

104

경허 성우 鏡虛 惺牛(1849~1912)

和松廣寺錦溟堂
화송광사금명당

旣面終愧行李遲　曹溪山月抵窓時
索珠罔象元非實　入夢陳生竟是誰
來訪烟霞名勝地　擬看松栢歲寒枝
叢林自有高人在　隆化玄乘斷可期

뵙고 나니 어리(御李)가 늦게 간 것이 부끄럽다.
조계산 달이 창문을 비출 때
구슬을 찾은 망상(罔象)은 본래 진실이 아니니
꿈속에 들어간 진생(陳生)은 필경 누구인가.
안개 낀 명승지를 찾아와서
소나무 잣나무의 세한(歲寒) 가지를 보려 하네
총림에 고명한 분이 계시므로
융성한 덕화로 현묘한 법을 결단코 크게 펴시리라

주(註).

화송광사금명당(和松廣寺錦溟堂) : 송광사 금명당에게 화답하다.

경허 성우(鏡虛 惺牛, 1849~1912)는 근대기에 선을 중흥한 선사로서 범어사(梵魚寺)의 조실 등을 지냈다. 전라도 전주 출신으로 9세 때 경기도 과천 청계사(淸溪寺)에서 계허(桂虛)에게 출가했고 만화(萬化) 등에게 불교 경론을 배웠으며 화두를 참구하여 1879년에 깨달음을 얻었다. 다음 해 충청도 홍주 천장암(天藏庵)에서 용암 혜언(龍巖 慧彦, 1783~1841)을 거쳐 이어진 편양파 법맥을 전수했는데 환성 지안(喚惺 志安, 1664~1729)의 7대손이다. 범어사와 해인사(海印寺) 등에서 활동했고, 1904년 이후 자취를 감추었다가 1912년 함경도 갑산에서 유명을 달리했다. 제자로는 혜월 혜명(慧月 慧明, 1862~1937)·수월 음관(水月 音觀, 1855~1928)·만공 월면(滿空 月面, 1871~1946)·한암 중원(漢岩 重遠, 1876~1951) 등이 있다.

어리(御李) : 이응(李膺)의 수레를 몰았다는 말로, 당대에 이름이 높은 명사(名士)를 만났음을 뜻한다.

구슬을 찾은 망상(罔象) : 망상(罔象)은 『장자』에는 상망(象罔)으로 되어 있다. 황제(黃帝)가 적수(赤水) 북쪽에 갔다가 돌아오면서 현주를 잃어버렸는데, 아무도 찾지 못했고 상망만이 찾아냈다고 한다.

진생(陳生) : 진생은 당나라 진계경(陳季卿)을 가리킨다.

松廣寺月和講伯同行華嚴路中口號
송광사월화강백동행화엄로중구호

寅矚過聞景轉新 所期淸興那嫌塵
石增嵐氣分光怪 村匿林心寫境眞
畎犬或蹲隨菜女 磵鳩時語傍耕人
樵歌一曲斜陽外 醞藉群山淡入雲

보고 듣는 풍경이 더욱 새로워
바라던 맑은 흥에 어찌 속진을 싫어하리
겹친 바위 푸르름에 나뉘는 빛이 괴이하고
마을은 숲속에 감추고 마음에 진경을 그리네
밭두둑에 개는 가끔 웅크렸다 나물 캐는 여인을 따르고
골짜기 비둘기 때로는 밭 가는 농부 곁에서 지저귄다.
나무꾼이 부르는 노래는 석양 저편으로
온화한 많은 산 담담히 구름 들어간다.

주(註).
남기(嵐氣) : 해 질 무렵에 멀리 보이는 푸르스름하고 흐릿한 기운.
진경(眞境) : 본바탕을 가장 잘 나타낸 참다운 경지.
사양(斜陽) : 해 질 무렵에 비스듬히 비치는 햇빛.
온자(醞藉) : 함축성이 있다. 마음이 너그럽고 온화하다.

又

幾廻峻嶺又深川 窘步長程愧未前
喬木寒烟春景早 淡雲孤鳥夕陽邊
浪遊無端身長老 醉棄何妨世外眠
樽酒未闌高士又 風流秖可任夫天

또(又)

몇 번이나 높은 재 깊은 개울을 건넜던가,
함께 가는 먼 길 앞서지 못해 부끄럽네
높고 굵은 나무에는 차가운 안개 봄 경치 이르고
엷은 구름 외로운 새는 석양 가에 있어
떠도는 길손 무단히 몸만 장차 늙어 가니
어리석음 버렸으니 세상 밖에 잠잔들 무슨 상관
술통에 술도 남고 고사(高士)와 함께하니
풍류가 돋는 것은 저 하늘에 맡겨야겠네

주(註).

장정(長程) : 매우 먼 길.
교목(喬木) : 줄기가 곧고 굵으며 높이 자란 나무.
하방(何妨) : 무슨 상관이 있겠는가. (……해도) 무방하다.
준주(樽酒) : 통에다 넣어 담은 술. 술통.
미난(未闌) : 다하지 않다.

又

隨足隨纓任濁淸 況乎春夢此浮生
活水淡山多少景 閑雲落照古今情
野霞晴曳孤禽白 春竹森圍萬戶靑
吟想無窮還取醉 隔林何處酒旗明

또(又)
발 씻고 갓끈 씻는 것도 청탁(淸濁)에 맡겼는데
하물며 봄 꿈같은 떠도는 생이야.
흐르는 물 담담한 산의 많고 적은 경치는
한가한 구름 낙조(落照)는 고금의 정일세
맑게 갠 들판에 힘들고 외로운 흰 새
봄날 대숲 우거져 큰 마을 푸르르고
읊조리는 시상 다함이 없어 도리어 취하니
숲 저편 어느 곳에 주막 깃 밝혔는가.

題松廣寺六鑑亭一說羽化閣
제송광사육감정일설우화각

靈境許多淸興慣 曠然遊戲付年年
喝開兎角風雷殷 無數魚龍上碧天

신령한 경치 허다하여 맑은 흥과 운치는 일상
드넓고 놀기 좋아 해마다 다다른다.
토끼 뿔로 활을 하면 광풍 우레 요란한 가운데
무수한 어룡들이 푸른 하늘로 올라간다.

주(註).
영경(靈境) : 신성한 곳.
청흥(淸興) : 맑은 흥과 운치.
년년(年年) : 낱낱의 모든 해마다.
광연(曠然) : 드넓은 모양.
풍전(風電) : 광풍과 우레. 폭풍우. 대단한 힘.
어룡(魚龍) : 물속에 사는 동물을 통틀어 이르는 말.
―『경허화상집鏡虛和尙集』卷之二.

금명 보정 錦溟 寶鼎(1861~1930)

次枯香杖此下松廣寺八景
차고향장차하송광사팔경

國師當日手中鳴 脫殼今朝倍瘦淸
揷地栴檀龍腦幻 指天氣像鶴形明
十尋風雨全高節 數點莓苔感舊情
向讀先翁歸寂訣 我來忍界葉還生

국사의 당일 손안에서 소리 내더니
껍질 벗겨져 오늘 아침 더욱 수척해졌다.
전단향 상록 교목을 땅에 꽂으니
하늘을 가리키던 기상은 학의 형상으로 나타낸다.
열길 폭풍우에도 온전히 드높은 절개에
여러 점의 이끼는 옛정을 느끼게 한다.
장차 부사의화상의 귀적결을 읽고
나는 사바세계에 다시 오리라.

주(註).

보정(寶鼎, 1861~1930) : 개항기 송광사 금련의 제자가 되어 법맥을 계승한 승려. 성은 김씨(金氏), 호는 금명(錦溟). 가야왕의 후예 학성군 완(鶴城君完)의 후손으로 아버지는 통정대부(通政大夫) 상종(相宗)이며, 어머니는 완산 이씨(完山李氏)이다. 14세 때 어머니가 중병을 앓자 2년 동안 잠시도 곁을 떠나지 않고 간호하였다. 17세 때 아버지의 명으로 출가하여 송광사(松廣寺) 금련(金蓮)의 제자가 되었으며, 경파(景坡)에게서 구족계(具足戒)를 받았다. 제자로는 용은(龍隱)·완섭(完燮) 등이 있으며, 저서로 『금명집』 1권이 있다.

탈각법(脫殼法) : 범부(凡夫)가 번뇌 망상의 속박에서 벗어나는 것을 매미가 외각(外殼)에서 빠져나가는 것에 비유한 말이다. 또 병아리가 달걀을 깨고 나온 것을 뜻하기도 하는 바, 해탈을 의미한다.

전단(栴檀) : 자단, 백단 등의 향나무를 통틀어 이르는 말. 고서(古書)에서 단향목.

용뇌(龍腦) : 용뇌향과에 속한 상록 교목.

매태(莓苔) : 이끼. 지의류(地衣類)에 속한 은화식물을 통틀어 이르는 말.

수점(數點) : (하나하나) 수를 세어 확인하다.

인계(忍界) : 중생이 여러 번뇌를 참고 견뎌야 하는 세계. 인토(忍土) 감인토(堪忍土) 사바세계(娑婆世界).

귀적결(歸寂訣) : 부사의화상귀적결(不思議和尙歸寂訣). 팔관재계비밀영생정토심요(八關齋戒秘密永生淨土心要)

엽환생(葉還生) : 출가한 제자가 초선(初禪)을 얻어 성취하면 엽환생(葉還生)이라고 부르다.

次羽化閣
차우화각

滌袪煩塵到水臨 簷端忽見老龍唫
畫桐疑集丹邱鳳 墨竹難聽湘娿琴
數樑雲閣仙舟泛 百尺虹橋采石沈
仙骨御風因羽駕 蒼蒼桂樹自成陰

번뇌를 씻은 물이 임경당(臨鏡堂)에 이르면
처마 끝 입 다문 늙은 용을 문득 본다.
화동의집(畫桐疑集) 신선의 땅과 봉황
묵죽으로 듣기 어려운 강물은 아름다운 거문고 소리
많은 양운각은 신선의 배로 띄우고
백 척 홍교는 잠긴 돌을 캔다.
신선 골격에 부는 바람 우화각 가마로 인해
푸르른 계수나무 숲 그늘을 이룬다.

주(註).
단구(丹邱) : 단구(丹丘)라고도 쓴다. 신선이 산다는 전설의 땅이다.
묵죽(墨竹) : 먹이나 먹물 따위로 그린 대나무.
난청(難聽) : 청력이 저하되어서 듣기 어렵게 된 상태.
운각(雲閣) : 궁전 따위의 천장 밑에 구름무늬가 새겨진 널빤지를 돌려 붙인 장식.
우가(羽駕) : 신선이 타는 수레.
창창(蒼蒼) : 푸르고 넓다. 짙은 푸른색의. 초목이 무성한 모양.
계수(桂樹) : 계수나뭇과에 속한 상록 교목.

次三淸閣
차삼청각

森羅萬境莫非師 況復風兼水月奇
冰蟾步影來蘇舫 河泊隨唱杜詩
四時管樂如長在 連日歌盃會不遲
箇中今古淸眞趣 登覽幾人知者誰

삼라만경이 스승 아님이 없다.
하물며 다시 바람과 겸하여 수월의 기이함이겠는가
어름 두꺼비가 그림자 거름으로 찾아오신 쌍 배에
하박(河泊)도 두보의 시를 따라 부른다.
사시(四時) 관악이 늘 있는 듯
연일 노래와 찻잔의 모임에 늦지 않네
개중에 고금의 맑고 참된 아취는
몇 사람이나 올라 보고 아는 이 누구인가.

주(註).
빙섬(冰蟾) : 전설상에 달에 두꺼비가 산다고 한 데서 온 말이다.
래소(來蘇) : 후래기소(后來其蘇)의 준말이다. 임금이 백성에게 은혜를 베푸는 일.
하박(河泊) : 고기잡이 세를 맡아 다룬 관청. 명대에 어세(漁稅)의 수납을 관장하던 관서이다.
두시(杜詩) : 중국 당나라 때 시인인 두보의 시.
관악(管樂) : 관악기로 연주하는 음악.
부지(不遲) : 늦지 않다.
아취(雅趣) : 아담하고 우아한 정취.
등람(登覽) : 높은 곳에 올라가서 바라봄.
기인(幾人) : 몇 사람.

次放生魚
차방생어

吾師景蹟不難尋 食退銀鱗放水林
始入朱門無死氣 更從黃道有生心
泳游石澗猶嫌窄 率性洪波亦不深
龍兒鱉鱉能神化 翠鳥漁人誠勿侵

우리 스승 아름다운 자취는 찾기가 쉽다.
먹은 은비늘을 물러나 물속에 방생하였다.
처음 주문(朱門) 안에 들어서니 죽이려는 기운 없어
문득 종횡으로 살아 있는 마음을 말하였다.
석간(石澗)에서 헤엄치기가 오히려 좁고
천성으로 홍파를 거느려도 또한 깊지 않아
용아인 자라들이 능히 신으로 변화하니
물총새와 어부도 삼가 침범하지 않는다.

주(註).

은린(銀鱗) : 물고기를 아름답게 이르는 말.

주문(朱門) : 붉은 문.

사기(死氣) : 침체한 분위기.

생심(生心) : 어떤 일을 하려고 마음을 먹음.

유영(游泳) : 수영하다.

석간(石澗) : 돌이 많이 깔린 산골짜기를 흐르는 시내.

홍파(洪波) : 큰 파도. 대파(大波).

솔성(率性) : 본디부터 타고난 성질. 하늘이 정한 본성(本性)을 따르다. 천성(天性).

취조(翠鳥) : 파랑새목 물총샛과에 속한 새.

어인(漁人) : 어부.

次枕溪樓
차침계루

七里曹溪長谷開 高枕其上一樓嵬
雖非滕閣王題句 可設鴻宴噲擧盃
數曲洋琴銀碎玉 幾聲天籟月盈臺
此跨神山知不遠 流雲影裡鶴笙廻

칠 리의 조계의 긴 계곡에는
높은 베개 그 이상으로 한 누각 높아
비록 등각(滕閣)은 아니어도 왕이 침계루라 쓰고
큰 연회를 베풀며 잔 들어 외쳐도 좋다.
수 곡의 양금(洋琴)은 은과 옥이 부딪치는 듯하고
여러 가지 바람 소리에 대(臺)에는 달빛이 가득 찬다.
타고 넘을 삼신산이 멀지 않음을 알고
흐르는 구름 그림자 속에 학 울음소리 맴돈다.

주(註).

고침(高枕) : 베개를 높이 하고 걱정 없이 잘 자다.

양금(洋琴) : 이전에, '피아노'를 달리 이르던 말. 피아노.

천뢰(天籟) : "너는 인뢰(人籟)는 들었어도 지뢰(地籟)는 듣지 못했고 지뢰(地籟)는 들었어도 (天籟)는 듣지 못했을 것이다. 인뢰는 사람이 울리는 소리로 악기의 소리이고, 지뢰는 대지가 일으키는 소리로 바람 소리이고, 천뢰는 인뢰와 지뢰의 근본이 되는 대자연의 소리이다. 바람 소리나 빗소리와 같이 자연 현상에서 저절로 일어나는 소리.

월영(月盈) : 만월이 되다. 달이 차다.

삼신산(三神山) : 동해에 있다고 하는 봉래산(蓬萊山), 방장산(方丈山), 영주산(瀛洲山)을 가리키는데, 금빛 자라가 등으로 이 산을 지고 있다고 한다.

학생(鶴笙) : 난학(鸞鶴)과 생소(笙簫).

난학(鸞鶴) : 난새와 학. 난학(鸞鶴)을 탄다는 것은 곧 신선의 행차를 말한 것이다.

난생(鸞笙) : 난생(鸞笙)은 선인(仙人)이 부는 생소(笙簫)의 미칭(美稱).

飮三日泉
음삼일천

數尺銀波源自溟 量如小澤不容鯨
伐石爲城周鼎固 散沙鋪地耨池靈
僧尼道俗三時吸 輕滑淸甘四味幷
通筧餘零隨處積 熏風溽日滌塵腥

수척의 은빛 물결 근원은 아득한 곳이나
수량이 작은 연못이라 고래는 볼 수 없지만
돌을 잘 다듬어 우물 주변을 견고하게 하니 성이 되고
모래를 흩뿌린 땅은 아욕지처럼 신령하다.
스님들과 불자들은 언제나 마시며
가볍고 부드럽고 맑고 단맛을 함께하네
홈통을 따라 넘친 물은 곳에 따라 채워 주고
훈풍이 부는 더운 날은 비린내를 씻어 준다.

주(註).

소택(小澤) : 작은 연못.

벌석(伐石) : 돌을 채취함.

포지(鋪地) : 땅을 뒤덮다. 땅에 온통 깔리다.

아뇩지(阿耨池) : 아뇩달지(阿耨達池). 히말라야 산중에 있는 항하(恒河)의 수원(水源)을 가리킨 다. 또, 뜨거운 번뇌가 없다는 뜻과 맑고 시원하다는 뜻도 있다. 아뇩지(阿耨池)의 물이 갖춘 여덟 가지 공덕이다. 첫째는 달고, 둘째는 차고, 셋째는 부드럽고, 넷째는 가볍고, 다섯째는 맑고, 여섯 째는 냄새나지 않고, 일곱째는 마셔도 목구멍을 상하지 않고, 여덟째는 배를 상하지 않는 것이다.

삼시(三時) : 아침, 점심, 저녁의 세 끼니.

훈풍(薰風) : 동북을 염풍(炎風)이라 하고, 동방을 도풍(滔風)이라 하고, 동남을 훈풍(熏風)이라 하 고, 남방을 거풍(巨風)이라 하고, 서남을 처풍(凄風)이라 하고, 서방을 요풍(飂風)이라 하고, 서북 을 여풍(厲風)이라 하고, 북방을 한풍(寒風)이라 한다.

次難思器
차난사기

遠推來蹟意蒼茫 幾轉車輪又渡航
形如圓月漸非白 色似緇烏歎不長
相換相稱如着磕 可輕可小泛坳堂
逐日看看情莫測 難思神力理章章

멀리 온 자취를 미루어 보면 그 뜻이 창망하다.
얼마나 많은 수레를 타고 또 배로 건넜을까.
모양이 둥근달과 같으나 오롯한 흰 것이 아니며
색깔은 검은 까마귀 같아 탄성을 길게 하지 않는다.
상호 간에 바꾸고 불러도 축착 합착하여
가볍고 작아서 요당(坳堂)에도 뜬다.
여러 날 보아도 보는 느낌을 헤아릴 수 없고
신비로움은 생각하기 어려우나 이치는 장장하다.

주(註).

창망(蒼茫) : 넓고 멀어서 아득하다. 창망하다. 망망하다.

거륜(車輪) : 차나 수레의 바퀴.

도항(渡航) : 배를 타고 바다를 건넘.

축착합착(築着礚着) : 맷돌 위·아래짝이 서로 꽉 들어맞듯이 수행자가 애를 쓰다가 어느 때 홀연히 진리에 계합(부합)하는 것을 비유한 것이다.

상환(相換) : 물건을 서로 맞바꿈.

상칭(相稱) : 서로 대응하여 균형을 유지함.

요당(坳堂) : 『장자莊子』「소요유(逍遙遊)」에 "움푹 패인 마룻바닥[坳堂]에 한 잔의 물을 부어 놓으면, 지푸라기야 배처럼 둥둥 뜨겠지만 잔을 놓으면 바닥에 붙어 버릴 것이니, 이는 물이 얕고 배가 크기 때문이다."라는 말이 있다.

축일(逐日) : 하루하루를 쫓음. 나날이. 매일매일. 날마다.

막측(莫測) : 측정할 수 없다. 헤아릴 수 없다.

장장(章章) : 맑거나 밝으며 아름다운 모양을 나타내는 말.

—『다송시고茶松詩稿』卷第一篇.

이제현 李齊賢(1287~1367)

松廣和尙寄惠新茗 順筆亂道 寄呈丈下
송광화상기혜신명 순필난도 기정장하

枯腸止酒欲生煙　老眼看書如隔霧
誰敎二病去無蹤　我得一藥來有素
東菴昔爲綠野遊　慧鑑去作曹溪主
寄來佳茗致芳訊　報以長篇表深幕
二老風流冠儒釋　百年存沒猶晨暮
師傅衣鉢住此山　人道規繩超乃祖
生平我不悔雕蟲　事業今宜懃幹蠱
傳家有約結香火　牽俗無由陪杖屨
豈意寒暄問索居　不將出處嫌異趣
霜林蚵卵寄曾先　春焙雀舌分亦屢
師雖念舊示不忘　我自無功愧多取
數間老屋草生庭　六月愁霖泥滿路
忽驚剝啄送筠籠　又獲芳鮮逾玉胯
香淸曾摘火前春　色嫩尙含林下露
颼颼石銚松籟鳴　眩轉瓷甌乳花吐
肯容山谷託雲龍　便覺雪堂羞月兎
相投眞有慧鑑風　欲謝只欠東菴句
未堪走筆效盧仝　況擬著經追陸羽
院中公案勿重尋　我亦從今詩入務

(初慧鑑以新茶寄東菴 其書戲云 前公案付山茗若干 東菴必以詩爲答 今法
主亦寄茶於益齋 爲年例故云)

마른 창자에 술 끊으니 연기가 나려 하고
늙은 눈으로 책을 보려니 안개가 낀 듯하였다.
누구를 시켜서 두 병(病)을 자취 없이 보낼까 하였는데
내가 얻은 좋은 약은 온 곳이 있다네.
동암은 옛날 녹야원에서 노닐었고
혜감은 조계의 주지를 지어 갔었네
보내온 좋은 차에 꽃 소식 물을 때면
긴 시로 보답하며 깊은 그리움을 전하였네
두 늙은이 풍류는 유가와 불가의 으뜸으로
백 년의 삶이 하루 같았다.
사부의 의발을 받아 이 산에 머물지만
사람이 행하는 도의 규범은 우리 조(祖)를 뛰어넘었다.
내 평생 작은 글재주로 사는 것을 후회하지 않았으나
사업을 계승 발전시키지 못함은 참으로 부끄러워했네.
집안 대대로 향과 촛불 공양으로 인연 맺기를 약속하였으나
속세에 끌려 주장자와 신발을 더하지 못함은 이유가 없네.
차고 따뜻함과 외로운 신세까지 물은 뜻을 어찌할까.
가고 깃듦에 취향이 다르다고 싫어함이 없네
가을이면 감(蚶卵)을 따서 먼저 나에게 보내 주고
봄이면 작설차를 나에게 여러 번 보내 주었네.
스님은 옛일을 생각하며 잊지 않고 보내지만

나 스스로는 아무 공이 없어 참으로 매우 부끄럽네.
몇 간 낡은 집 마당에 풀만 우거지고
유월의 장마로 길은 온통 진흙이네.
문득 문 두드리는 소리에 놀라 보니 대바구니 보내왔는데
신선한 차를 얻으니 좋은 고기보다 많이 넘치네.
향기가 맑으니 일찍이 한식 전에 딴 것이며
색이 어여쁘니 아직도 숲속 이슬을 머금은 듯하네.
돌솥에 솔바람 소리 수류(颼飀)하고
사기 사발에 따르니 꽃이 토한 젖빛에 현기증이 난다.
기꺼이 황산곡의 운룡차라 자랑할 수 있으며
설당의 월토차가 부끄러운 줄 알겠네.
서로 간의 진심에 혜감의 기풍이 있으나
사례를 하려 함에 다만 동암의 글귀가 부족할 뿐이라.
감히 붓글씨도 노동(盧仝)과 비교되지 않는데
하물며 육우(陸羽)처럼 다경을 쓰겠다 하겠는가
절 가운데에서 공안을 다시는 찾지 마시오
나는 이제부터 시를 열심히 쓰리다.

주(註).

이제현(李齊賢, 1287~1367) : 이제현은 고려 후기 정당문학, 판삼사사, 정승 등을 역임한 문신·학자·문인이다. 본관은 경주(慶州). 초명은 이지공(李之公). 자는 중사(仲思), 호는 익재(益齋)·역옹(櫟翁). 고려 건국 초의 삼한공신(三韓功臣) 이금서(李金書)의 후예로 아버지는 검교정승(檢校政丞) 이진(李瑱)이다. 아버지 이진이 과거를 통해 크게 출세함으로써 비로소 가문의 이름이 높아졌다. 그의 딸은 공민왕과 혼인하여 1359년(공민 8년) 4월 혜비(惠妃)에 봉해졌다.

1287년(충렬왕 13년)에 태어나 1367년(공민왕 16년)에 사망했다. 1314년(충숙왕 1년) 상왕 충선왕의 부름을 받고 연경의 만권당에 머물면서 원의 유명한 학자·문인들과 교유하고 중국 내륙 여행을 하며 학문과 식견을 넓혔다. 관료로서 고려가 원의 부마국이라는 현실을 인정하고 그 한계 안에서 국가의 존립과 사회 모순의 시정을 위해 노력했다. 성리학 도입에 공이 컸고, 『익재집』을 남겼으며 시·사에 뛰어나 고려 한문학을 한 단계 끌어올렸다는 평가를 받는다.

건건(乾乾) : 자강불식(自强不息)하는 모양. 끊임없이 노력하는 모양.

비연(斐然) : 문채(文彩)가 있는 모양. 우수하다. 현저하다.

—『익재난고益齋亂稿』卷第九.

(처음에 혜감(慧鑑)이 새로운 편지를 동암(東菴)에게 보내면서 글로 희롱하기를 '전에 관례로 산차(山茗) 약간을 부친다.' 하면서 동암은 반드시 시(詩)로 답을 하여야 한다고 하였으니, 지금 법주(法主)도 익재(益齋)에게 차를 부치니 연례(年例)대로 하는 까닭이라고 하였다.)

장하(丈下) : 장실(丈室) 밑이라는 말인데, 유마경(維摩經)에 유마 거사(維摩居士)의 거처하는 방이 사방 10척이므로 방장실(方丈室)이라는 문자를 인용하였다.

유소(有素) : 소양이 있다. 아는 사이다.

동암(東菴) : 동암은 익재의 아버지인 이진(李瑱)의 호인데, 즉 이진이 벼슬에서 물러나 은거했다는 뜻이다.

녹야(綠野) : 당(唐)나라 때 배도(裵度)가 벼슬에서 물러나 은거하던 별장 녹야당(綠野堂)의 준말로, 곧 은거를 지칭하는 말이다.—『舊唐書』卷170,「裵度傳」

혜감(慧鑑) : 만항(萬恒)의 시호(諡號). 속성은 박(朴)인데 그가 중이 되었다는 뜻이다.

조계(曹溪) : 송광사 절을 가리키는 말로, 양(梁)나라 때 중 지약(智藥)이 조계수(曹溪水)의 상류에다 절을 지은 데서 비롯된 말이다.

방신(芳訊) : (남의) 편지. 꽃 소식.

존몰(存沒) : 존속과 멸망 또는 삶과 죽음을 아울러 이르는 말.

규승(規繩) : 사람의 표준(標準) 법칙이 됨을 말함인데, 규구준승(規矩準繩)에서 온 말이다.—『孟子 離婁上』.

조충(雕蟲) : 벌레 모양이나 전서(篆書)를 조각하듯이, 미사여구로 시문(詩文)을 엮어 가는 조그마한 기교라는 뜻으로, 곧 자기의 학문이 낮음을 겸사한 말이다.

간고(幹蠱) : 간부지고(幹父之蠱)의 준말로, 아들이 부친의 뜻을 계승 발전시키는 것을 말한다.
—『周易 蠱卦 初六』

전가(傳家) : 대대로 그 집안에 전하여 내려옴.

장구(杖屨) : 지팡이와 짚신을 아울러 이르는 말.

이취(異趣) : 색다른 정취.

출처(出處) : 세상에 나서는 일과 집에 들어 있는 일. 또는 그곳.

규란(虯卵) : 한유(韓愈)의 「유청룡사증최대보궐遊靑龍寺贈崔大補闕」 시에 "붉게 물든 감나무엔 화실이 주렁주렁 달렸는데, 금오가 내려와서 정규란을 쪼아 먹누나[然雲燒樹火實駢 金烏下啄赬虯卵]." 하였는데, 정규란(赬虯卵)은 붉은 규룡의 알이란 뜻으로 홍시(紅柿)를 말한다.

수림(愁霖) : 어두침침하고 우울하게 내리는 긴 장맛비.

박탁(剝啄) : 문을 두드린다는 뜻으로 즉 손님이 찾아옴을 뜻한다.

화전춘(火前春) : 차 이름의 하나로, 상등 품질의 차이다. '화전(火前)'은 한식(寒食) 이전에 찻잎을 땄다는 것을 의미한다.

송뢰(松籟) : 소나무 숲 사이를 스쳐 부는 바람.

수류(颼颲) : 바람 부는 소리.

산곡(山谷) : 송나라 문장 황산곡(黃山谷).

운룡(雲龍) : 차 이름이다.

설당(雪當) : 설당은 소식(蘇軾)의 당명(堂名).

월토(月兎) : 월토는 차 이름인데, 蘇軾『月兎茶詩』에 "고리 같으나 고리가 아니요 패옥 같으나 패옥이 아닌데, 가운데 희미하게 옥토아(玉兎兒)가 걸려 있네." 하였다.

상투(相投) : (사상·감정 등이) 서로 맞다. 의기투합하다.

노동(盧仝) : 당(唐)나라 노동(盧仝)이 맹간의(孟諫議)가 보내 준 차에 대하여 시(詩)를 지어 사례하였으므로 이른 말이다. —『唐書』卷176.

육우(陸羽) : 당(唐) 나라 육우가 다경(茶經)을 지었으므로 한 말이다.『唐書』卷196.
—『익재난고益齋亂稿』卷第四.

松廣李國師眞讚 (奉敎譔)
송광사이국사진찬(봉교선)

國師乾乾 有德與年
王命寫像 載瞻載虔
是身離相 是法離詮
卽圖作贊 臣愧斐然

국사의 꾸준한 노력으로
덕망과 년령이 함께했다.
임금의 명으로 그린 화상을,
쳐다보며 경의를 표하였다.
이 몸은 상(相)을 여이었으며,
이 법(法)은 전(詮)에서 떠났다.
그림으로 찬을 지으려니,
신은 글쓰는 것이 부끄럽다.

이색 李穡(1328~1396)

代書奉簡松廣和尙
대서봉간송광화상

松廣山迢遞 名傳大吉祥
長身能幹蠱 大后爲頒香
籌室淸風榻 衲衣明月廊
三生習氣濁 回首更蒼茫

송광산은 아주 멀리에 있다.
이름은 대길상이라 전한다.
가람이 큰 것은 선대를 잘 계승하였고
태후께서 향을 내리셨기 때문이다.
주실엔 청풍이 선탑에 불고
납의로 밝은 달 아래 회랑을 거닌다.
나는 삼생의 습기가 혼탁하여
돌아보니 문득 아득하기만 하네.

주(註).

대서(代書) : 남을 대신하여 서류 따위를 씀.

이색(李穡, 1328~1396) : 고려 후기 대사성, 정당문학, 판삼사사 등을 역임한 관리. 문신, 학자. 본
관은 한산(韓山). 자는 영숙(潁叔), 호는 목은(牧隱). 포은(圃隱) 정몽주(鄭夢周), 야은(冶隱) 길재
(吉再)와 함께 삼은(三隱)의 한 사람이다. 아버지는 찬성사 이곡(李穀)이며 이제현(李齊賢)의 문
인이다. 저서에는『목은문고牧隱文藁』와『목은시고牧隱詩藁』등이 있다.

초체(迢遞) : 매우 멀다.

간고(幹蠱) : 자식이 아버지의 뜻을 잘 계승하여 아버지가 미처 다 이루지 못한 사업을 완성하는
것을 말한다.

주실(籌室) : 수행인을 교화하고 지도하는 방장화상. 인도(印度)의 제4조(第四祖)인 우바국다(優
波毱多)가 많은 사람들을 교화하여 제도(濟度)했는데, 한 사람을 제도할 적마다 산가지 하나씩을
내려 둔 것이 높이 20여 척(尺), 넓이 30여 척 되는 방에 가득 찼던 데서 온 말이다.

창망(蒼茫) : 넓고 멀어서 아득하다. 창망하다. 망망하다.

회수(回首) : 머리를 돌리다. 돌이켜 보다. 회고하다. 회상하다.

—『목은시고牧隱詩藁』제8권, 시(詩).

奉答松廣和尙惠茶及扇
봉답송광화상혜다급선

巍巍修禪社 遠在松廣山 額曰大吉祥 龍拏梁棟間
臨川秉老筆 珊戈光芒寒 燕京眼中在 石刻應未刓
豐功絶無比 美名垂不刊 魔外漸增熾 有此倭民頑
淸淨煙斷滅 寂寥月盤桓 我師業白久 拈花曾破顔
多生托交契 憐我病骨酸 扇以凉我肌 茶以淸我肝
初逢滅毒火 漸覺通玄關 欲令乘淸風 颯爾超塵寰
身心水安穩 不復憂恫瘝 稽首致深謝 相望天地寬

드높고 넓은 수선사가
멀리 송광산에 있다.
현액에는 대길상이라 하였고
대들보에는 용을 잡아 두었다.
왕안석의 노련한 필체는
창에 아로새긴 광채가 거칠고 차갑다.
연경이 눈 안에 있으니
돌에 새겼으니 응당 닳지 않을 것이다.
큰 공적의 오롯함은 비할 데 없고
아름다운 명성 끝없이 전해지리라.
천마외도가 점차 더 치성해지듯
이렇게 왜인의 완고함에
청정함이 흐려 없어지니

고요한 달빛 아래 배회를 한다.
우리 선사는 오래도록 선업을 닦아
꽃을 보고 일찍이 활짝 웃었다.
다생 속에 서로 교분을 맺어서
나의 병든 몸을 불쌍히 여기어
부채로서 내 피부를 서늘케 하고
차로서 내 속을 맑게 하네.
처음 만나서 독화를 없애더니
점차로 현관를 깨달아 통하게 하였다.
맑은 바람이 오르게 하고자 해서
시원스레 속세를 초월하게 하니
마음은 영원히 편안하고 평온하여
다시는 질병 걱정을 하지 않으려 하네.
머리 조아려 깊이 감사를 드리고
서로 바라보니 천지는 넓기만 하네.

주(註).

임천(臨川) : 왕안석(王安石)이 태어난 곳.

왕안석(王安石, 1021~1086) : 송나라의 재상이자 문필가로 당송팔대가의 한 사람. 1069년부터 1076년 무렵까지 균수법, 시역법, 면행법, 청묘법, 면역법, 보갑법, 보마법 등의 신법 개혁을 단행했다. 한자의 연원과 제자 원리 등을 연구한『자설字說』, 문집인『왕임천문집王臨川文集』,『임천집습유臨川集拾遺』등을 남겼다.

노필(老筆) : 노련한 솜씨의 글씨.

조과(琱戈) : 조과는 문양을 아로새긴 창으로, 천자(天子)가 원훈 대신(元勳大臣)에게 내리는 하사품이다.

연경(燕京) : 중국의 수도인 베이징의 옛 이름.

풍공(豐功) : 매우 큰 공훈.

불간(不干) : (글자를) 고치지 않다. 삭제하지 않다.

마외(魔外) : 불교 용어인 천마외도(天魔外道)의 준말로, 불도(佛道)를 흔들어 방애하는 마귀를 가리킨다.

왜민(倭民) : 왜인(倭人). 일본 사람을 얕잡아 이르는 말.

반환(盤桓) : 머뭇거리며 그 자리를 멀리 떠나지 못하고 서성이는 일.

백업(白業) : 불교 용어로, 선업(善業)을 의미한다.

현관(玄關) : 오묘한 도(道)에 들어가는 법문(法門)을 가리킨다.

삽이(颯爾) : '삽이하다'의 어근. (바람이) 솨 불어오는데 가볍고 시원하다.

진환(塵寰) : 마음에 고통을 주는 복잡하고 어수선한 세상.

—『목은시고牧隱詩藁』제11권.

奉謝松廣夫目和尙避倭靈臺寺寄茶
봉사송광부목화상피왜영대사기다

烽火天涯吹戰塵 薜蘿深處却藏身
秪應縛脫元無二 老我悠然味道眞

천애에 봉화가 오르고 전쟁의 먼지 불어
벽라 깊은 곳에 문득 몸을 숨기었다.
응당 매이고 벗어남이 원래 둘이 없기에
늙은 나 또한 유연히 도의 참맛을 본다오.

주(註).
전진(戰塵) : 싸움터의 먼지.
벽라(薜蘿) : 벽려(薜荔)와 여라(女蘿). 은자(隱者)의 옷, 또는 은자(隱者)가 사는 집.
—『목은시고牧隱詩藁』제17권.

枕溪樓
침계루

披雲一上枕溪樓 便欲人間萬事休
半日登臨卽歸去 明朝上馬重回頭

洞府深深隔世塵 山僧無事解談眞
他年福地尋何處 白石淸溪入夢頻

안개 속에 침계루에 오르니
문득 인간 만사 내려놓고자 하네.
반나절을 올랐으나 곧 돌아가
내일이면 말에 올라 몇 번이고 돌아볼 것이다.

깊고 깊은 통부(洞府)는 속세와 멀고
산승은 일없이 참을 이야기할 줄 아네.
다른 해의 복지를 어디서 찾을까.
하얀 돌 맑은 계곡 꿈속에 자주 나타나네.

주(註).
동부(洞府) : 신선(神仙)이 사는 곳.
복지(福地) : 신선(神仙)이 사는 곳. 안락한 곳.
—『신증동국여지승람新增東國輿地勝覽』卷四十.

현릉 玄陵(1330~1374)

贊松廣寺贈懶翁
찬송광사증 나옹

水勢重重包 山容疊疊藏
三韓元不二 一國更無雙
松廣寺東方 第一大道場

물의 형세는 겹겹으로 감싸고
산의 모습은 첩첩으로 감췄어라.
삼한에서 원래 둘도 없고
일국은 더욱이 둘이 아니니
송광사는 동방에서
제일로 큰 도량이다.

주(註).
현릉(玄陵) : 고려 공민왕 릉호.
공민왕(恭愍王) : 고려 제31대 왕(1330~1374, 재위 1351~1374). 이름은 전(顓)이고 호는 이재(怡齋), 익당(益當)이다. 즉위한 후 부원(附元) 세력인 기씨(奇氏) 일족을 주살하고 쌍성총관부를 폐지하여 영토를 수복하는 등, 중국 원(元)나라의 간섭을 벗어나 고려의 자주적 전통을 회복하려는 정책을 추진하였다. 그러나 1365년 왕비인 노국 공주(魯國公主)가 죽자 실의에 빠져 국사를 소홀히 하다가 홍윤과 최만생 일파에게 시해되었다.
— 대동영선(大東詠選).

서거정 徐居正(1420~?)

次韻送印上人之曹溪山松廣寺
차운송인상인지조계산송광사

頭流山屹鎭南交　曹山相峙烟霧膠
昇平古郡百濟寺　松濤滿壑聞天簫
白雲黃鶴天悠悠　斷碑零落星霜遙
至令勝跡說惠師　聞師住訪歸興搖
六花飛飛簷蔔林　自有世界眞瓊聊
湖南古說小江南　此地第一山水饒
我亦靑縢白幭在　欲往從之山路迢
最憶山中冬白花　臘月滿開香風飄

두류산은 우뚝하게 남쪽 경계를 누르고
조계산의 산세는 안개 운무 뒤섞이었다.
승평은 옛 고을로 백제의 사찰이었으니
계곡 가득한 솔밭 파도는 하늘 퉁소 소리로 들리고
백운과 황학은 하늘을 유유히 날며
깨진 비석에 쇠락한 세월도 오래였네
지금의 뛰어난 자취는 스승의 은혜라 말하는데
스님이 머물 곳을 찾아 돌아가신다고 하니 흥이 나네.
눈꽃은 치자나무 숲에 펄펄 날리니
세계가 있음으로부터 참다운 경료이다.

호남은 예부터 소강남이라 하였으며
이 땅은 제일 산수로 풍요롭다고 했다.
나에게도 또한 푸른 실로 묶은 흰 버선이 있어
스님을 따라가려 하나 산길이 멀기만 하다.
가장 생각나는 것은 산중의 동백꽃으로
섣달에 만발하여 향기가 바람 풍긴다.

주(註).

서거정(徐居正, 1420~) : 조선 전기 형조판서, 좌참찬, 좌찬성 등을 역임한 문신. 본관은 대구(大丘). 자는 강중(剛中)·자원(子元), 호는 사가정(四佳亭) 혹은 정정정(亭亭亭). 서익진(徐益進)의 증손으로, 할아버지는 호조전서(戶曹典書) 서의(徐義)이고, 아버지는 목사(牧使) 서미성(徐彌性)이다. 어머니는 권근(權近)의 딸이다. 자형(姉兄)이 최항(崔恒)이다. 저술로는 『역대연표歷代年表』·『동인시화東人詩話』·『태평한화골계전太平閑話滑稽傳』·『필원잡기筆苑雜記』·『동인시문東人詩文』 등이 있고, 시문집으로 『사가집四佳集』이 전한다.

송도(松濤) : 소나무가 바람에 흔들려 파도 소리와 같다 하여.

영락(零落) : 세력이나 살림이 보잘것없는 처지가 됨.

성상(星霜) : 수 관형사 뒤에서 의존적 용법으로 쓰여, 햇수를 비유적으로 이르는 말.

담복(薝蔔) : 치자. 치자나무의 꽃.

육화(六花) : 눈의 결정이 여섯 모로 된 꽃과 같이 생겼다는 뜻으로, '눈'을 달리 이르는 말.

경요(瓊瑤) : 아름다운 구슬. 아름다운 옥(玉). 증답(贈答)하는 시문(詩文)·서한(書翰).

백말(白襪) : 흰 버선.

— 『사가시집四佳詩集』 卷之二十〇 第十三.

送守伊上人住松廣寺 卽席走書贈之 七首
송수이상인주송광사 즉석주서증지 칠수

湖南佳麗說昇平 松廣伽藍更絶淸
持律高僧今住寺 緇徒雲會競來迎

호남의 화려한 곳으론 승평을 말한다.
송광사는 그중에 더욱 빼어났다.
계율 지닌 고승이 지금 절 주지로 가니
수많은 승려들이 서로 다퉈 맞이하리라.

秋風摵摵響高梧 甁錫蕭然過兩湖
行到海山將盡處 平生遊興始無辜

가을바람에 우수수 큰 오동나무 잎이 떨어지는데
정병과 주장자로 쓸쓸히 호서와 호남을 지나게 된다.
산자락이 거의 다하고 바닷가 이르면
평생을 유흥하여도 허물이 없다 할 것이네.

南天氣暖四時春 臘月靑靑菜色新
寺裏山茶開遍盡 飛來翠鳥日相親

남쪽 하늘 기운은 따사로워 사계절이 봄으로
섣달에도 푸릇푸릇한 채소가 아주 싱그럽고

절 안의 차꽃도 모두 다 피어
날아온 파랑새와 날로 서로 친하겠네.

上人顔色美無儔 此去休登燕子樓
皓齒靑娥常滿座 相思無奈暗▣頭

상인의 안색은 둘도 없이 아름답거니
이번 길에 연자루에는 올라가지 마소
젊고 아름다운 여인들이 항상 자리 가득하거니
생각만 하여도 어쩔 수 없이 머리가 어두워지네.

古州迢遞天一涯 今古流傳八馬碑
爲報上人高着眼 古賢淸節可爲師

머나먼 하늘가에 옛 고을이 있는데
고금으로 팔마비의 전설이 있다네.
상인의 드높은 안목을 드날릴 것이니
옛 현인의 청절은 본받을 만하다네.

白雲何處是家鄕 去謁高堂獻壽觴
誰道釋家能割愛 如師誠孝見何嘗

흰 구름 어느 곳이 스님의 고향이련가
가서 부모님 알현하고 축수를 올렸겠지

불교는 능히 사랑하는 것을 끊었다고 말하는가.
스님 같은 효성은 일찍이 본 적이 없다네.

今時方伯我同年 太守賢如亞使賢
一遇上人如問我 爲言垂老愛高禪

지금 그곳 방백은 바로 내 동년으로
태수는 어질고 아사도 함께 어질다.
상인이 만나서 나에 관해 물어보고
노년에 들어 고승을 좋아한다고 말하소서.

주(註).

병석(瓶錫) : 승려들이 사용하는 정병(淨瓶)과 석장(錫杖)으로, 곧 승도(僧徒)를 뜻한다.

무고(無辜) : 무고. 죄 없음.

양호(兩湖) : 호남(湖南)과 호서(湖西) 두 지역이다.

유흥(遊興) : 흥겹게 놂.

청청(靑靑) : 푸릇푸릇하다. 나이가 젊다. 머리카락이 검다.

연자루(燕子樓) : 연자루는 순천시 죽도봉(竹島峰) 공원 내에 있는 T자형 팔작지붕 골기와 건물로 정면 6칸, 측면 2칸의 2층 대청형 구조이다.

호치(晧齒) : 희고 깨끗한 이.

청아(靑娥) : 눈썹먹으로 푸르게 그린 눈썹. 젊은 미인.

초체(迢遞) : 매우 멀다.

팔마비(八馬碑) 고사 : 고려 충렬왕(忠烈王) 때의 문신 최석(崔碩)이 일찍이 승평 부사(昇平府使)가 되었다가 임기를 마치고 돌아가게 되었는데 앞서 승평부(昇平府)의 풍속에 수령이 갈릴 때마다 말 여덟 필(匹)씩을 주었던 터라 그에게도 그 고을 사람들이 관례에 따라 말을 골라 가기를 청하였으나, 최석은 말을 고르지 않았을 뿐만 아니라 서울에 도착한 뒤에는 억지로 서울까지 딸려 보낸 말들을 다시 모두 되돌려 보냈다. 이때 상경 도중에 낳은 망아지까지 딸려 보내자 고을 사람들이 그의 덕을 칭송하여 비석을 세우고 팔마비라 이름했다고 한다. 그 후로는 이 고을에 수령에게 말을 주는 폐단이 없어졌다고 한다. ―『신증동국여지승람新增東國輿地勝覽』卷40, 순천도호부(順天都護府).

청절(淸節) : 맑고 깨끗한 절개.

가향(家鄕) : 자기 집이 있는 고향.

고당(高堂) : 남의 부모를 높여 이르는 말.

방백(方伯) : 조선 시대의 지방 장관.

아사(亞使) : 조선 시대, 외교 관계상 사신으로 파견된 삼사신의 하나.

수노(垂老) : 칠십에 이른 노인. 노경에 이르다. 노년(老年). 늙어 가다. 나이를 먹다.

―『사가시집四佳詩集』제45권.

김시습 金時習(1435~1493)

松廣寺
송광사

一宿曹溪興味長 遠公遺跡在禪房
祖燈十二今何處 依舊空庭松檜涼

조계산의 하룻밤 느낀 재미는 오래 하고
원공(遠公)들의 자취는 선방에 남아 있다.
조사의 등(燈) 열둘은 이제 어느 곳일까
옛 그대로 빈 뜰에 노송과 시원한 바람.

주(註).
김시습(金時習, 1435~1493) : 조선 초기의 학자. 자는 열경(悅卿)이며 호는 매월당(梅月堂) 또는
동봉(東峯)이다. 생육신의 한 사람으로, 승려가 되어 방랑 생활을 하며 절개를 지켰다. 유교와 불
교의 정신을 포섭한 사상과 탁월한 문장으로 일세를 풍미하였다. 한국 최초의 한문 소설『금오신
화』를 지었고, 저서에『매월당집』외『매월당외집』권1의『금오신화』에는「만복사서포기萬福寺樗
蒲記」·「이생규장전李生窺牆傳」·「취유부벽정기醉遊浮碧亭記」·「남염부주지南炎浮洲志」·「용궁
부연록龍宮赴宴錄」등 5편의 소설 작품이 수록되어 있다. 이들 작품은 우리 나라 최고(最古)의 소
설이다.
흥미(興味) : 흥을 느끼는 재미.
공정(空庭) : 아무것도 없는 텅 빈 뜰
—『매월당시집梅月堂詩集』卷之十一.

소세양 蘇世讓(1486~1562)

曹溪山
조계산

曹溪山水名南國 萬壑千巖鎖翠煙
淸淨身兼廣長舌 箇中那結俗人緣

조계산수는 남쪽에 있어
많은 계곡 바위는 푸르름으로 가득하고
청정한 몸은 광장설을 겸했으니
개중엔 속인도 결사에 인연 맺었다.

松廣寺
송광사

禪僧結構稱龍象 照眼金人殿宇開
十五年前遊賞地 白頭孤客試重來

선승은 결사로 용상이라 부르고
정안을 비춰 불전과 당우를 열어젖혔다.
십오 년 전 유람하며 감상했던 곳으로
백두 외로운 객이 시험 삼아 거듭 왔다.

眞樂臺
진락대

四松三被風摧折 獨幹亭亭蔭一臺
着脚試憑高處望 蜂房蟻垤細縈廻

네 그루의 소나무 세 번의 바람에 꺾이어
유독 줄기만 우뚝 솟아 대를 가리네
발을 디디고 기대여 높은 곳을 바라보니
벌집 같은 방과 개미집 같은 둑이 휘감아 돌았네.

水碓
수대

水舂雲碓千山響 擣玉揚珠夜復晨
釋子從今閑更甚 晩來唯有拾枯薪

물레방아와 구름 디딜방아 소리 천산에 메아리치고
옥을 찧어 구슬같이 드날리기를 밤에서 다시 새벽
부처님 제자들은 오늘부로 한가롭기 그지없고
늦게 온 이유로 마른 풀을 줍는다.

莧泉
한천

阿誰剖竹偸靈派 架壑緣崖百折流
半夜寒聲驚客夢 惧疑風雨在床頭

어느 누가 부죽의 신령한 물줄기를 훔쳤는가
골짜기 다리는 벼랑을 반연해 백절로 흐르고
밤 깊은 차가운 물소리에 객은 꿈속에서도 놀라
풍우가 침상에 있는 줄 잘못 의심하였네.

冬柏
동백

葉厚花深柯削鐵 嚴霜朔雪鎭長春
平生半世披圖畫 今日山中始見眞

잎은 두텁고 꽃샘은 깊고 줄기는 철을 자르는 것 같고
된서리 눈보라를 누르고 오랜 봄이게 한다.
평생 반세를 그림으로만 보다가
금일 산중에서 비로소 진짜를 보았네.

東亭
동정

清溪瀧瀧轉晴雷 綠樹陰陰護石臺
六月炎塵飛不到 尋眞知有幾人來

맑은 계곡 흐르는 물소리 맑은 하늘 천둥소리로 전하고
녹음 진 나무 그늘은 석대를 가리웠네
유월 염천의 번거로움이 날아들지 못하는데
참을 찾아 있는 줄 아는 이 몇이나 되겠는가.

枕溪樓
침계루

白雲當晝宿簷端 漱石跳珠鶴夢寒
爲有前賢詩滿壁 獨吟佳句凭欄干

백운이 대낮에도 처마 끝에서 잠을 자고
돌로 씻은 물방울은 학의 꿈도 차갑게 한다.
이전의 현인들 시가 벽에 가득 있으니
홀로 난간에 기대어 아름다운 시구를 읊는다.

주(註).

소세양(蘇世讓, 1486~1562) : 조선 전기 형조판서, 호조판서, 병조판서 등을 역임한 문신. 본관은 진주(晉州). 자는 언겸(彦謙), 호는 양곡(陽谷)·퇴재(退齋)·퇴휴당(退休堂). 중군사정(中軍司正) 소희(蘇禧)의 증손으로, 할아버지는 한성부판윤(漢城府判尹) 소효식(蘇效軾)이고, 아버지는 의빈부도사 소자파(蘇自坡)이다. 어머니는 개성 왕씨(開城王氏)로 왕석주(王碩珠)의 딸이다. 저서로는 『양곡집陽谷集』이 있으며, 글씨는 양주에 「임참찬권비任參贊權碑」와 「소세량부인묘갈蘇世良夫人墓碣」이 있다.

결구(結構) : 일정한 모양으로 얼개를 만듦.

정정(亭亭) : 우뚝하게 높이 솟은 모양.

봉방(蜂房) : 송송 뚫어진 벌집의 방.

의질(蟻垤) : 개미가 집을 짓기 위하여 파낸 흙가루가 땅 위에 수북하게 쌓인 것. 개미집 둑.

영회(縈廻) : 빙빙 휩싸여 돌아감.

만래(晚來) : '늘그막'을 점잖게 이르는 말. 늦게 오다. 해 질 녘. 저녁 무렵.

유유(唯有) : 오직 ……해야만.

아수(阿誰) : 누구. 어떤 사람.

부죽(剖竹) : 부부(剖符)와 같은 말로, 지방관이 됨을 말한다. 고대에 제왕이 제후나 공신에게 봉지(封地)를 나누어 줄 때 죽부(竹符)로 징표를 삼았는데, 두 개로 갈라서 임금과 신하가 각각 하나씩 갖은 데서 유래하였다.

백절(百折) : 수없이 많이 꺾임.

엄상(嚴霜) : 늦가을에 아주 되게 내리는 서리.

삭설(朔雪) : 북쪽 땅의 눈.

획획(瀄瀄) : 물소리. 콸콸 흐르는 소리.

청뢰(晴雷) : 맑은 하늘에 우레 소리.

도주(跳珠) : 물방울이 구르다.

침류수석(枕流漱石) : 은거 생활을 뜻하는데, 여기서는 방외(方外)의 수행자를 뜻하는 말로 쓰였다. 진(晉)나라 손초(孫楚)가 세상을 피해 숨어 살려고 하면서, "돌을 베고 물에 양치질하련다(枕石漱流)."라고 말해야 하는데, "물을 베고 돌로 양치질하련다(枕流漱石)."라고 잘못 말하자, 왕제(王濟)가 그 말을 듣고는 잘못을 지적하자, 손초가 "물을 베는 것은 속진에 찌든 귀를 씻어 내기 위함이요, 돌로 양치질하는 것은 연화(煙火)에 물든 치아의 때를 갈아서 없애려 함이다(所以枕流 欲洗其耳 所以漱石 欲礪其齒)."라고 대답했던 고사에서 유래한 것이다. 『世說新語』「排調」

가구(佳句) : 아름다운 글귀. 잘 지은 구절.

—『양곡선생집陽谷先生集』卷之一.

送松廣寺住持能印
송송광사주지능인

曹溪鎭南紀 松廣住中峯
水激碓聲響 山深嵐氣重
龍蟠晨呪鉢 鯨吼夜聞鍾
未結遠公社 空懷雲外蹤

조계는 남쪽 진영으로
송광은 중봉에 있다.
물레방아 소리 메아리치고
산은 깊어 푸른 빛이 더한다.
새벽 주발에 용이 서려 있고
고래 울음 깊은 밤 종소리로 들린다.
혜원의 백련결사는 함께하지 못했지만
구름 밖 행적을 품어 본다.

주(註).
남기(嵐氣) : 해 질 무렵에 멀리 보이는 푸르스름하고 흐릿한 기운.
용반(龍蟠) : 용이 서렸다는 뜻으로, 호걸이 민간에 숨어 있음을 이르는 말.
원공(遠公) : 동진(東晉) 때의 고승(高僧) 혜원(慧遠)이 여산(廬山)에 동림사(東林寺)를 세우고, 백련결사(白蓮結社)를 말한다.
공회(空懷) : 헛된 생각.
―『양곡선생집陽谷先生集』卷之五.

임억령 林億齡(1496~1568)

從弟景瑗 將尋曹溪山松廣寺 寺卽予之昔爲蘿葍宰時客遊也
종제경원 장심조계산송광사 사즉여지석위나복행시객유야
弟歸 洒翰以贈
제귀 쇄한이증

曾爲蘿葍主 往尋曹溪境
舍馬手竹筇 行行松下逕
大雪埋洞門 林壑忽已暝
夜宿最上方 佛燈明炯炯
窓外石泉鳴 使我塵骨醒
一墮名利場 白髮忽滿鏡
吾弟繼我遊 使我東引頸

일찍이 나복의 주인이 되어
조계의 경치를 찾아갔다.
말을 버리고 지팡이를 짚고
소나무 아래 작은 길을 걷고
대설이 계곡을 막고
산골짜기 숲이 이미 어두워져
밤 깊으니 가장 위인 곳에
불등이 밝고 밝다.
창밖에는 돌우물이 울어

나로 하여금 지친 몸을 깨우고
한 번 명리의 장에 떨어짐으로
백발이 문득 거울 속 가득하였네
나의 아우가 나를 이어서 노닐며
나를 동쪽으로 바라보게 하였다.

주(註).

임억령(林億齡, 1496~1568) : 조선 전기 병조참지, 담양부사 등을 역임한 문신. 본관은 선산(善山). 자는 대수(大樹), 호는 임석천(林石川). 임득무(林得茂)의 증손으로, 할아버지는 임수(林秀)이고, 아버지는 임우형(林遇亨)이며, 어머니는 박자회(朴子回)의 딸이다. 박상(朴祥)의 문인이다. 저서로는 『석천집』이 있다.

나복(蘿葍) : 진주(鎭州)의 무. 당나라 조주(趙州)에게 어떤 납자가, "소문을 들으니 화상께서는 남전 보원(南泉普願) 화상을 친히 모시고 배우며 그 법을 이은 제자라는데 과연 그렇습니까?"라고 물었다. 이에 조주는 엉뚱하게 "진주(鎭州)에서는 꽤 큰 무가 난다지."(趙州 因僧問 承聞和尙親見 南泉 是否 師云 鎭州 出大蘿葍頭)"라고 하였다. ―『벽암록』 30칙.

세한(洒翰) : 필한(筆翰). 붓을 달리 이르는 말.

상방(上方) : 천상(天上). 지세(地勢)가 가장 높은 곳.

형형(炯炯) : (눈빛이) 형형하다. 명찰(明察)하는 모양. 밝다.

인경(引頸) : 목을 내밀다. 목을 길게 빼다.

―『석천선생시집石川先生詩集』 卷之一.

고경명 高敬命(1533~1592)

贈聖汰 汰時住松廣寺
증성태 태시주송광사

郡齋雨夜燈 坐對曹溪僧
僧俗各有累 山林歸未能
刻字兩腕脫 整冠雙鬢鬔
微官與小技 相視迭嗟矜

관아의 비 오는 밤 등불 아래
조계의 스님과 마주 앉았다.
승속이 각각 여러 명 있었는데
산림으로 돌아가기가 여의치 않았다.
글자를 새기느라고 두 손이 벗겨졌고
바르게 관을 썼는데 두 귀밑머리가 짧았다.
미관말직과 하잘것없는 재주라
서로 보고 탄식만 하였다.

贈解牛時住松廣寺
증해우시주송광사

曹溪山在小江南 中有幽禪臥一庵
馴到象時魔自伏 解將牛處妙誰參
紛華早覺襟靈豁 涓滴眞知水味甘
佇見十年硎發刃 截開塵網透玄龕

조계산은 작은 강남에 있다.
그 가운데 그윽한 선을 할 수 있는 암자에 누웠다.
코끼리가 길들여질 때 마군은 스스로 항복하고
소가 있는 곳을 아는 미묘함을 누가 참구하는가.
분화함 속에 금령의 통함을 일찍 깨닫고
작은 방울의 물도 맛이 달다는 것을 잘 알아
십여 년 갈았던 칼날을 가만히 들여다보니
진망을 잘라 내고 현감(玄龕)을 투득하였네.

주(註).

고경명(高敬命, 1533~1592) : 조선 전기 임진왜란 당시 금산 전투에 참전한 의병장. 문신. 본관은 장흥(長興). 자는 이순(而順), 호는 제봉(霽峰)·태헌(苔軒). 광주 압보촌(鴨保村) 출생. 고자검(高自儉)의 증손으로, 할아버지는 형조좌랑 고운(高雲), 아버지는 대사간 고맹영(高孟英), 어머니는 진사 서걸(徐傑)의 딸이다. 시·글씨·그림에 능했으며, 저서로는 시문집인 『제봉집』, 『속집續集』·『유집遺集』, 무등산 기행문인 『서석록瑞石錄』, 각처에 보낸 격문을 모은 『정기록正氣錄』이 있다. 시호는 충렬(忠烈)이다.

성태(聖汰) : 조선 전기의 임란에 참여한 송광사(松廣寺)에 주석한 스님이다. 제봉(霽峯) 고경명(高敬命)과 교유하였다.

군재(郡齋) : 관아.

각자(刻字) : 나무나 돌에 글자를 파서 새김.

미관(微官) : 보잘것없는 낮은 벼슬자리.

소기(小技) : 자잘한 또는 하잘것없는 재주.

해우(解牛) : 조선 전기 임란에 참여한 송광사(松廣寺)에 주석한 스님이다. 제봉(霽峯) 고경명(高敬命)과 교유하였다.

소강남(小江南) : 경치 좋기로 유명한 중국의 강남 지방을 압축해서 옮겨 놓은 듯하다는 말이다. 남조 제(南朝齊)의 사조(謝朓)의 「고취곡(鼓吹曲)」 중에 "강남은 경치가 빼어난 지역이요, 금릉은 제왕의 지방이로다[江南佳麗地 金陵帝王州]."라는 명구가 나온다. 산수(山水)가 기이하고 아름답다고 해서 붙여진 순천의 별칭이다. 『신증동국여지승람新增東國輿地勝覽』 卷40, 「순천도호부順天都護府」.

분화(紛華) : 분화(紛華)는 번화하고 화려한 것을 뜻한다. 분화(紛華)는 번화하고 화려한 것으로, 세속적인 욕망을 뜻한다.

금령(襟靈) : 마음과 영혼.

연적(涓滴) : 물방울. 적은 양의 물.

진지(眞知) : 참된 지식.

저견(佇見) : 멈추어 서서 바라봄.

절개(截開) : 절단하다. 잘라 내다.

진망(塵網) : 속세. 인간 세상.

—『제봉집霽峯集』卷之五.

이순인 李純仁 (1533~1592)

松廣寺 順天
송광사 순천

遠道聊忘計日愁 名區幾處借淸遊
白雲疏磬千山暮 紅樹寒溪一逕秋
倦意欲休還見寺 賞心猶在更登樓
悄然禪榻添寥寂 窓外通宵有瀑流

먼 길 오로지 날짜도 근심도 잊고
명승지 몇 곳을 맑은 마음 빌려 노니었다.
흰 구름 물소리 깊은 산은 저물고
붉은 단풍 차가운 계곡 오솔길은 가을이다.
피곤함에 쉬고 싶어 절을 돌아보다가
기쁜 마음에 문득 누각에 올라 있으니
초연한 선탑에 고요함이 더하고
창밖으로 밤새 폭포가 흐른다.

주(註).

이순인(李純仁, 1533~1592) : 본관은 전의(全義). 자는 백생(伯生)·백옥(伯玉), 호는 고담(孤潭). 서울 출생. 아버지는 현령 이홍(李弘)이며, 어머니는 죽산 박씨(竹山朴氏)로 생원 박함(朴諴)의 딸이다. 이황(李滉)·조식(曺植)의 문인이다. 조선 전기 형조참의, 승문원제조, 예조참의 등을 역임한 문신. 학자. 특히 문장에 뛰어나 당시 이산해(李山海)·최경창(崔慶昌)·백광훈(白光勳) 등과 함께 '8문장'이라고 불렸다. 저서로는 『고담집孤潭集』 5권이 있다.

원도(遠道) : 중앙과 먼 거리에 있는 도. 먼 길.

계일(計日) : 날수를 셈.

명구(名區) : 명구승지(名區勝地), 경치가 좋기로 이름이 난 곳.

권의(倦意) : 피곤한 기분. 권태감.

상심(賞心) : 마음을 즐겁게 하다. 경치를 즐기는 마음.

초연(悄然) : 근심하는 모양. 조용한 모양. 고요한 모양.

선탑(禪榻) : 참선할 때 앉는 의자.

통소(通宵) : 온밤(을 지새다). 철야(하다). 밤새 (자지 아니하다).

—『고담일고孤潭逸稿』卷之二.

윤근수 尹根壽(1537~1616)

次枕溪樓韻 贈坦悟上人
차침계루운 증탄오상인

蕭寺秋風獨上樓 客程迢遞幾時休
不堪氛祲迷銅柱 使節勞勞白盡頭

산사의 가을바람 소소하게 부는 침계루에 홀로 올랐다.
나그네 머나먼 여정에 얼마나 쉴 수 있었을까.
어리석은 동주는 요기의 어지럼힘을 감당하지 못하는데
사신으로 공을 들이다 백발이 다 되었다.

주(註).
초체(迢遞) : 매우 멀다.
분침(氛祲) : 요망하고 간사스러운 기운.
동주(銅柱) : 국경 표지용의 구리 기둥. 옛날.
사절(使節) : 국가나 정부를 대표하여 일정한 사명을 띠고 외국에 파견되는 사람.
동주(銅柱) : 동주(銅柱)지옥은 한 개의 구리 기둥이 있고, 그 형상은 마치 불의 산과 같으며 높이
는 6백 유순이다. 아래는 맹렬한 불이 있고, 불 위에는 쇠 평상이 있고, 위로는 칼 수레바퀴가 있으
며, 그 사이에는 쇠 부리를 가진 벌레와 쇠 입을 한 까마귀가 있다. —『경율이상』 50권.
—『월정집月汀集』卷二.

次苔軒韻 贈義圓上人
차태헌운 증의원상인

曹溪流水怳仙山 石磴煙蘿次第攀
亂後試尋諸佛日 卷中猶對故人顔
淸詩驚世應長在 義魄歸天更不還
露盥薔薇吟幾遍 傷心空復倚松關

물 흐르는 조계는 황홀한 신선의 산으로
안개와 덩굴 우거진 자갈길을 차례로 올랐다.
난리 이후에 비로소 송광사를 찾았다가
시집 가운데 옛 친구 얼굴을 대하게 되었다.
맑은 시는 세상 놀라게 하고 오래도록 남겠지만
하늘로 돌아간 의로운 혼백은 다시는 돌아오지 않으리라.
장미에 맺친 이슬로 손을 씻고 몇 번이나 시를 읊었던가
상한 마음 다시 하릴없이 송문(松關)에 기대이네.

주(註).

윤근수(尹根壽, 1537~1616) : 이황 · 조식으로부터 학문을 배우고 성혼 · 이이 등과 사귀면서 주자의 학문을 깊이 연구했으며, 당시 명으로부터 들어오기 시작한 양명학에 대해서 유해무익한 것으로 배척하고, 육구연 · 왕수인의 문묘종사를 반대했다. 문장과 글씨에 뛰어나 당대의 거장으로 손꼽혔으며, 특히 그의 글씨는 영화체라 하여 격찬을 받았다.

본관은 해평(海平). 자는 자고(子固), 호는 월정(月汀). 아버지는 군자감정(軍資監正) 변(忭)이며, 형은 영의정 두수(斗壽)이다. 이황(李滉)의 문인이다. 1558년(명종 13년) 별시문과에 급제하여 권지부정자에 뽑힌 뒤, 주서 · 봉상시주부 · 연천군수 등을 지냈다. 저서로는『월정집』·『월정만필月汀漫筆』·『사서토석四書吐釋』·『마한사초馬韓史抄』·『한문질의漢文質疑』·『송도지松都志』·『조천록朝天錄』·『조경창수朝京唱酬』등이 있으며, 글씨로는 양주의〈이판서윤경묘비 李判書潤慶墓碑〉, 상주의〈윤연령부인박씨갈 尹延齡夫人朴氏碣〉등이 전한다. 시호는 문정이다.

석등(石磴) : 돌층계. 또는 돌이 있는 비탈길.

연라(煙蘿) : 연하등라(煙霞藤蘿)의 준말로, 안개와 노을이 자욱하고 등나무 여라덩굴이 우거진 곳이라는 뜻이다. 깊은 산이나 은둔처를 의미한다.

로관장미(露盥薔薇) : 당나라의 유종원(柳宗元)이 한유(韓愈)가 보낸 시를 받자 장미에 맺힌 이슬을 모아 둔 물에 손을 씻고 읽었다. ―『어정연감유함御定淵鑑類函』卷10.

―『월정집月汀集』卷三.

최립 崔岦(1539~1621)

惠修卷韻
혜수권음

亂來逢法侶 抧事卽高禪
松廣多泉石 頭流足洞天
徒聞千里外 失遇十年前
白首依京輩 應憐尙守玄

임진란에 만난 법우들의
평소 하던 일은 드높은 참선이었다
송광사의 많은 돌샘은
두류산과 같은 계곡과 하늘이다.
천 리 밖에서 소문만 들었을 뿐
만남을 잊어버린 것이 십 년 전이다
흰머리로 서울의 무뢰배에 의지해
오히려 태수를 오래 함을 어여삐 여기소서.

주(註).

최립(崔岦, 1539~1621) : 조선 시대 동지중추부사, 강릉부사, 형조참판 등을 역임한 문신이자 문인이다. 시문집 『간이집簡易集』의 저자이다. 그의 본관은 통천(通川)이며, 자(字)는 입지(立之), 호는 동고(東皐)였다. 만년에는 당호(堂號)를 간이(簡易)라 하였다. 임진왜란과 광해군 즉위 무렵에 외교 문서를 담당하는 능문자(能文者)로서 활약하였다. 고문의 형식미를 추구하여 나름대로 '억세고 헌걸찬[悍杰]' 풍격을 이루어 이전의 평담한 문풍을 변혁시켰다.

두류산(頭流山) : 방장산(方丈山)·두류산(頭流山)이라고도 하며, 지리산(智異山)이라고도 한다.

松廣其見住處 曾亦久住頭流 而不與余作晉州相遇 故恨之

(송광사는 그가 현재 몸담고 있는 곳이다. 일찍이 두류산에 오래도록 머물고 있었는데, 내가 진주 목사(晉州牧使)로 있을 당시에 서로 만나 보지 못했다. 이 때문에 이를 한스럽게 여긴 것이다.)

─ 『간이집簡易集』 제8권.

임제 林悌(1549~1587)

贈僧解牛
증승해우

殘春共師別 花落碧峯寒
節序愁中盡 煙蘿夢裏攀
重尋方外契 不改舊時顔
寂默閉門坐 高懷雲與閑

봄은 남았는데 스님과 이별하려니
꽃 진 푸른 봉우리 차갑구나.
계절 따라 시름 속에 다하니
안개와 여라는 꿈속 반연하네.
자유로운 세상과의 약속을 거듭 찾아
고치지 않은 오래전의 얼굴로.
문을 닫고 조용히 묵언으로 앉으니
높은 뜻 구름과 함께 한가로우소서.

주(註).

임제(林悌, 1549~1587) : 조선 전기 「수성지」, 「원생몽유록」, 『임백호집』 등을 저술한 문인이다. 그의 본관은 나주(羅州)이며, 자는 자순(子順), 호는 백호(白湖)·풍강(楓江)·소치(嘯癡)·벽산(碧山)·겸재(謙齋)이다. 이달(李達), 백광훈(白光勳), 허균(許筠), 성혼(成渾), 이이(李珥), 정철(鄭澈). 신흠(申欽) 등과 교류하였다. 「수성지」 이외에도 「원생몽유록(元生夢遊錄)」, 「남명소승(南冥小乘)」 등 한문 소설을 지었다.

해우(解牛) : 조선 전기의 승려. 제봉(霽峯) 고경명(高敬命)과 교유하였고, 송광사(松廣寺)에 머묾.

절서(節序) : 절기의 차례.

연라(煙蘿) : 무성한 숲속에 안개가 끼고 칡덩굴이 얽힌 모양.

유거(幽居) : 진리를 찾아 수양하는 곳.

방외(方外) : 세속에 구애받지 않는 자유로운 세계, 범위의 밖, 고향에서 멀리 떨어진 곳, 세속 사람의 테두리 밖.

적묵(寂默) : 고요히 명상에 잠기어 말이 없음.

고회(高懷) : 고상한 생각이나 마음.

—『임백호집林白湖集』卷之一.

김지남 金止男(1559~1631)

松廣寺次韻 印月潭上 有臨鏡臺
송광사차운 인월담상 유임경당

深山春事晚 高閣夕陰重
樹向雙崖合 苔從石砌封
獨憑溪上檻 閑數嶺頭松
薄暮歸方丈 神淸月下鐘

깊은 산 봄은 늦어지고
높은 누각 저녁 그늘이 무겁다.
나무는 두 언덕을 향해 합쳐 있고
이끼는 섬돌에 끼어 있다.
홀로 계곡 위 임경대에 기대어
한가로이 고갯마루 소나무를 헤아린다.
저녁에 방장이 돌아오니
정신은 맑아지고 달 아래 종소리 울린다.

襜帷入山谷 石逕少人行
茶鉢禪堂靜 香爐佛榻淸
月潭搖閣影 雲碓瀉泉聲
夜對詩僧話 翛然斷世情

휘장을 산 계곡에 드리우고
좁은 돌길 드물게 사람이 간다.
차와 발우와 선당은 고요하고
향을 피운 불전은 맑다.
달 연못은 누각 그림자를 흔들고
구름 방아는 샘물 소리를 쏟는다.
한밤 시를 대하고 스님과 이야기하니
소연히 세상 정이 끊어진다.

落日登山殿 長風倚水樓
僧房少世累 禪語近詩流
舍利藏何處 袈裟降幾秋
溪聲與月色 勝景愜淸遊

해가 져서 전각에 오르니
오래도록 바람이 수루를 기댄다.
스님의 방에는 작은 세상이 얽혔고
선어(禪語)는 시류(詩流)에 가깝다.
사리는 어느 곳에 감추었는가
가사로 몇 가을이나 항복받았는가.
계곡 소리는 달빛과 같고
수승한 경치는 상쾌하고 맑다.

주(註).

김지남(金止男, 1559~1631) : 조선 시대 집의, 행주판관, 경상감사 등을 역임한 문신. 본관은 광산(光山). 자는 자정(子定), 호는 용계(龍溪). 순성(順誠)의 현손이며, 아버지는 영동현감 김표(金彪)이다. 재종숙 김양(金讓)에게 입양되었다. 저서로는 『용계유고龍溪遺稿』가 있다.

석체(石砌) : 섬돌.

박모(薄暮) : 저녁 무렵. 땅거미가 질 무렵. 해 질 녘.

첨유(襜帷) : 고관이나 사신의 수레 위에 치는 휘장.

석경(石逕) : 돌길. 돌이 많은 좁은 길.

소연(翛然) : 사물에 얽매이지 않은 모양. 자유자재한 모양.

登松廣寺後臺
등송광사후대

偸得公家數日閑 強尋蘭若上屛顔
泉從遠壑穿朱閣 風起穹林動碧山
禪語靜聞寒磬後 佛香淸徹白雲間
居僧解我多幽興 引着巖巒日暮還

훔친 공안에 여러 날이 한가로워
힘들게 절을 찾아 높은 산에도 올랐다.
샘은 먼 골짜기로부터 붉은 누각을 뚫고
바람은 하늘 숲에서 불어 푸른 산을 움직였다.
선어(禪語)는 차가운 풍경 소리 뒤에 고요함으로 들리고
불전의 향은 백운(白雲) 사이에 맑게 사무친다.
거주하던 스님은 내가 그윽이 흥이 많은 줄 알아
암만까지 갔다가 해 질 녘에 돌아왔다.

주(註).
궁(穹) : 유가에서 하늘을 설명할 때에는 자체적으로 여러 가지 뜻이 있으니, 혹 혼(渾)이라고도 하고, 개(蓋)라고도 하며, 궁(穹)이라고도 하고, 안(安)이라고도 한다. ─『광홍명집』3권.
잔안(屛顔) : 산이 높은 모양.

臨鏡堂 次卷中韻贈僧
임경당 차권중운증승

迂拙憐吾獨 淸閑愛爾兼
溪堂兩日話 波動水晶簾

나는 유독 어리석고 졸렬하며 불쌍하나
그대는 맑고 한가로우며 자비를 겸했다.
계당에서 이틀간 이야기 했는데
파도처럼 동하고 수정처럼 맑음을 겸했네.

주(註).
—『용계유고龍溪遺稿』卷之四.

이덕형 李德馨(1561~1613)

戊戌秋 余協隨天將 再過順天洛水津 望見曹溪山 聞山有松廣寺 寺之僧慈
雲從役于舟師 余往來卒卒 不果見此山 上年又駐海上 妄籌防海方畧 而病
廢已經歲矣 今有圓正來訪 卽雲之徒也 懷舊感慨 書一律爲贈

무술(1598)년 가을 나는 명나라 장수를 맞이하여 협조하며 순천 낙수 나루
를 두 번이나 지나면서 조계산을 바라보았다. 산에 송광사가 있다고 들었
다. 절 승려인 자운(慈雲)이 수군으로 있었다. 나는 왕래하면서 바빴다. 조
계산을 보는 데 지나지 않았다. 작년에 해상에 주둔하면서 헛되이 바다를
방비하는 방책을 세우다가 병이 들어 폐한 지 수년이 지났다. 지금은 원정
(圓正)이 나를 찾아왔다. 곧 자운(慈雲)의 문도이다. 감개하여 한 율시의 글
을 주게 되었다.

洛浦寒霜擁畫千 曹溪山色馬頭看
水香洞口違仙賞 火裂波心慣壯觀
夢裏舊遊時幾換 塞邊虛計病全闌
逢師此日無窮恨 世事如雲雪滿冠

낙수의 포구에 찬 서리 화천수(畫千手)를 안았어도
조계의 산색은 말 머리로 보았었네.
물 향기 계곡 입구에서 신선의 칭찬도 어기고
불로 파도를 찢는 것이 일관된 장관이었다.

꿈속 옛날에 놀던 때가 몇 번이나 바뀌고
변방 막을 부족한 계획들은 병들어 온전히 막혔다.
오늘에 스님을 만나니 회한이 다함이 없고
세상사 구름과 같아 머리엔 흰 눈만 가득하다.

주(註).

이덕형(李德馨, 1561~1613) : 이덕형의 본관은 광주(廣州), 자는 명보(明甫), 호는 한음이다. 지중추부사 이민성(李民聖)과 유씨 부인 사이에서 외아들로 태어났다. '오성과 한음'이라는 호로 조선시대 명콤비로 잘 알려진 이항복과 이덕형. 그들은 임진왜란이라는 국란을 맞아 함께 머리를 맞대고 나라를 구하는 데 온 힘을 기울인 재상들이다. 특히 이덕형은 일본과 명나라를 오가며 시의적절한 외교를 한 외교관이기도 하다.

천장(天將) : 중국 장수를 가리킴. 명나라 도독 유정(劉綎)이다.

주사(舟師) : 조선 시대, 바다에서 치안과 국방을 담당하던 군대. 수군.

졸졸(卒卒) : 분주하다. 총망하다.

상년(上年) : 이 해의 바로 앞의 해. 작년.

감개(感慨) : 감개(하다). 감개무량하다.

화천(畵千) : 관세음보살의 갖가지 모습을 그린 화천수(畵千手)도.

동구(洞口) : 마을로 들어서는 목의 첫머리. 마을 입구.

파심(波心) : 물결의 중심.

장관(壯觀) : 굉장하고 장대하여 볼 만한 경관.

—『한음선생문고漢陰先生文稿』卷之二.

이수광 李睟光(1563~1628)

松廣寺在曹溪山
송광사재조계산

暮入曹溪路 春山翠幾重
荒林經雨合 危石倚雲封
洞有神仙藥 岩留太古松
前峯知近寺 隔水夕陽鍾

저물녘 조계산 길에 들어서니
봄 산이 푸르기가 몇 겹이다.
황량하던 숲 비가 지나가니
험한 바위 구름 북돋으니 아름답다.
골짜기엔 신선의 즐거움이 있고
바위엔 태고의 소나무 남아 있네.
봉우리 가까이 절이 있는 줄 아는 건
개울 건너 석양의 종소리 들림이네.

주(註).
이수광(李睟光, 1563~1628) : 조선 시대 공조참판, 내사헌, 이조판서 등을 역임한 문신. 학자. 본관은 전주(全州). 자는 윤경(潤卿), 호는 지봉(芝峯). 아버지는 병조판서 이희검(李希儉)이며, 어머니는 문화 유씨(文化柳氏)이다. 저서로는 『지봉집芝峯集』이 있다. 또한 『찬록군서纂錄群書』 25권이 있다고는 하나 확실하지 않다.
지봉 이수광이 순천부사(順天府使)로 병진년(1616, 광해군 8년) 9월부터 기미년(1619년) 3월까지 역임했다.
승평록(昇平錄) : 승평은 순천(順天)의 별칭이다.

宿松廣寺
숙송광사

百里招提境 巖花影裏行
客來松院靜 僧臥竹樓清
水石三生夢 風鍾半夜聲
明朝出山去 無限虎溪情

절은 백 리 지경이다.
바위 꽃 그림자 속이다.
객이 와도 송광사는 고요하고
스님이 누운 죽루는 맑다.
수석은 삼생의 꿈이요
한밤에 풍경 소리 울린다.
내일 아침 산을 나가나니
호계의 정이 한이 없다.

주(註).
초제(招提)=난야(蘭若)=절
호계(虎溪) : 동진(東晉) 시대 여산(廬山) 동림사(東林寺)의 고승 혜원 법사(慧遠法師)가 당시의
명유(名儒)인 도잠(陶潛), 육수정(陸修靜)과 노닐다가 그들을 전송할 때 서로 의기가 투합한 나머
지 이야기에 마음이 팔려 자기도 모르는 사이에 호계를 건너가 범 우는 소리를 듣고서야 비로소
정신을 차리고 세 사람이 서로 크게 웃었다는 고사를 원용하여 한 말이다.
─『여산기廬山記』卷二.

臨鏡堂
임경당

五馬乘閑日 千山對夕樓
枕邊寒雨響 窓外小溪流
壑月昏仍晝 林風夏亦秋
從今松廣寺 夜夜夢中遊

한가한 날에 다섯 말을 타고
저녁 누각에서 일천 산 바라본다.
머리맡에 찬 빗소리 울리고
창밖에 작은 개울 흐른다.
계곡에 달 뜨니 밤도 이내 환하고
숲속에 부는 바람에 여름 또한 가을이네
이제부터 송광사를
밤이면 밤마다 꿈속에서 지내리라.

주(註).
―『지봉집芝峯集』卷之第十八.

이정귀 李廷龜(1564~1635)

順天松廣寺僧惠熙持鵝溪諸老詩 且言曾從苔軒遊 能誦所贈詩
순천송광사승혜희지아계제노시 차언증종태허유 능송소증시
遂次卷上韻 二首
수차권상운 이수

騷人一去似沈湘 顔色依依想屋梁
賴有淸詩滿塵世 山僧猶記兩三章

문인이 한 번 떠나니 흡사 침상과 같고
정신은 의의 한 집 대들보라 생각하네
맑은 시가 티끌 세상에 가득함에 힘입어
산승도 오히려 두세 편을 기록하였네.

秋來佳興憶湖鄕 酒熟漁家蟹擘黃
無限歸心對僧說 一簾疏雨竹風涼

가을이 오니 아름다움이 일어 호남 고향을 생각하네.
술 익은 어촌 집에서 게를 쪼개니 누렇네
하염없이 돌아가고픈 마음에 스님 마주하고 말하니
주렴 밖에 성근 비 내리고 대숲에 서늘한 바람 분다.

주(註).

이정귀(李廷龜, 1564~1635) : 조선 시대 예조판서, 우의정, 좌의정 등을 역임한 문신. 문인. 본관은 연안(延安). 자는 성징(聖徵), 호는 월사(月沙)·보만당(保晚堂)·치암(癡菴)·추애(秋崖)·습정(習靜). 시호는 문충(文忠)이다. 세조 때의 명신인 이석형(李石亨)의 현손이며 아버지는 현령 이계(李啓)이고, 어머니는 김표(金彪)의 딸이다. 윤근수(尹根壽)의 문인이다. 시문집으로는 그의 문인인 최유해(崔有海)가 편간한 『월사집月沙集』이 전한다.

소인(騷人) : 시인과 문사.

침상(沈湘) : 초(楚)나라의 충신인 굴원(屈原)이 초왕에게 등용되지 못하고 상강(湘江)의 지류인 멱라수(汨羅水)에서 빠져 죽은 것을 말한다.

의의(依依) : 연약한 나뭇가지가 바람에 한들거리는 모양. 아쉬워하는 모양. 사모하는 모양.

안색(顔色) : 얼굴에 나타나는 빛깔이나 기색. 정신.

아계(鵝溪) : 조선 시대 중종·광해군 때의 문신 이산해(李山海)의 호이다. 그의 자는 여수(汝受)이고 본관은 한산(韓山)이며, 대북(大北)의 영수로 벼슬이 영의정에 이르렀다.

태헌(苔軒) : 조선 시대 중종·선조 때의 문신·의병장인 고경명(高敬命)의 호이다. 자는 이순(耳順)이고 또 다른 호는 제봉(霽峯)이며 본관은 장흥(長興)이다.

—『월사집月沙集』제16권.

이경전 李慶全(1567~1644)

松廣寺 贈勵仲
송광사 증여중

此地同遊幸與君 幾多浮世謾紛紛
明朝一夢瑤臺路 回首曹溪是白雲

이 땅에 함께 노닐며 그대들과 행복하네.
얼마나 많은 세월 바쁘고 교만했던가.
장래에 꿈은 요대의 길이나
머리를 돌리니 조계가 곧 백운이네.

주(註).
이경전(李慶全, 1567~1644) : 조선 시대 전라도관찰사, 좌참찬, 형조판서 등을 역임한 문신. 본관은 한산(韓山). 자는 중집(仲集), 호는 석루(石樓). 이치(李穉)의 증손으로, 할아버지는 이지번(李之蕃)이다. 아버지는 영의정 이산해(李山海)이며, 어머니는 조언수(趙彦秀)의 딸이다. 문필이 뛰어나 이름이 높았으며 저서로는 『석루유고』가 있다.
여중(勵仲) : 유순익(1559~1632)의 본관은 진주요, 자가 여중(勵仲), 호는 지강(芝岡)이다. 관결사 사규의 아들로 이황의 문하에서 수학하였다. 1599년 별시문과에 급제하여 군수, 정랑, 관찰사 등을 역임했는데 1612년부터 4년간 순천부사를 지냈다. 후에 공을 세워 참관이 되고 우찬성에 추증되었다. 부사로 재임 시, 정유재란 때 병화로 소실된 환선정을 중건(1614년)했다. 『승평지』에 「환선정」이란 작품이 전한다.
분분(紛紛) : 분분하다. 몇 번이고. 어수선하게 많다.
명조(明朝) : 내일. 가까운 장래. 앞날.
요대(瑤臺) : 옥으로 장식한 아름다운 누대(樓臺). 신선이 사는 곳.
—『석루유고石樓遺稿』卷之二.

심광세 沈光世(1577~1624)

松廣寺
송광사

丹靑殿宇鬱岧嶢 煙火當年未盡燒
獨臥上房眠不得 數聲淸磬動寒宵

단청한 전각과 당우가 꽉 들어차서
불이 나도 그해에는 다 태우지 못하겠네.
홀로 좋은 방에 누웠으나 잠은 오지 않고
맑은 석경 소리 헤아리다 차가운 밤이 지났다.

주(註).

심광세(沈光世, 1577~1624) : 조선 시대 예조좌랑, 해운판관, 부안현감 등을 역임한 문신. 본관은
청송(靑松). 자는 덕현(德顯), 호는 휴옹(休翁). 영의정 심연원(沈連源)의 현손이며, 영돈녕부사 심
강(沈鋼)의 증손으로, 할아버지는 대사헌 심의겸(沈義謙)이다. 아버지는 현감 심엄(沈俺)이며, 백
부(伯父) 심인겸(沈仁謙)에게 입적되었다. 어머니는 좌찬성 구사맹(具思孟)의 딸이다. 저서로는
『휴옹집休翁集』·『해동악부海東樂府』등이 있다.
연화(煙火) : 사람이 살고 있는 집에서 불을 때어 나는 연기라는 뜻으로, 사람이 사는 기척 또는 인
가를 이르는 말. 연기와 불.
당년(當年) : 일이 있는 바로 그해.
―『휴옹집休翁集』卷之一.

조상우 趙相禹(1582~1657)

松廣寺 次李芝峯 粹光 板上韻
송광사 차이지봉 수광 판상운

此生長忽忽 歸路轉重重
溪閣疑浮蜃 巖雲若素封
歌淸歸谷鳥 琴靜近簾松
不欲來塵客 沙彌莫鼓鍾

이생도 오래도록 덧없고
돌아갈 길도 막막하다.
계곡과 누각은 신기루 같고
바위와 구름은 소봉 같다.
계곡 새들은 맑은 노래를 부르며 돌아오고
주렴 곁에 소나무는 조용히 거문고를 즐긴다.
세속 나그네 오기를 기다리지 않아도
사미는 저녁 쇠북을 울린다.

주(註).

조상우(趙相禹, 1582~1657)로, 자는 하경(夏卿), 호는 시암(時庵)이다. 양주인(楊州人)으로 어려서부터 김장생에게 예학(禮學)을 배웠다. 정묘호란 때 화의(和議)를 배척하는 상소를 올렸으며, 참봉(參奉)에 천거되었으나 취임하지 않았다. 이조참판에 추증되었고, 효(孝)로써 정려(旌閭)되었다. 온양(溫陽)의 정퇴서원(靜退書院)에 향사되었다.

홀홀(忽忽) : 실의(失意)한 모양. 소홀하다. 어느덧. 깃발 따위가 바람에 펄럭이는 소리.

중중(重重) : 겹쳐진 모양. 거듭된 모양.

신루(蜃樓) : 신(蜃)은 대합(大蛤)을 말하는데, 중국의 전설에 따르면, 대합이 토해 내는 기운이 누대(樓臺)나 성곽의 형상처럼 보인다고 해서 신기루라고 한다.

소봉(素封) : 작위나 봉지(封地)가 없는 큰 부자(富者). 공 없이 봉작(封爵)을 받다. 벼슬살이를 하지 않는 사람이 전원(田園)에서 수확하는 이익이 많아 왕후에 봉해진 것이나 다름없이 풍족한 생활을 누리는 것을 말한다. 『사기史記』 권129, 「화식열전貨殖列傳」에 이르기를 "요즈음 관직의 녹봉도 없고 작읍의 수입도 없으면서 낙이 관직과 작읍이 있는 사람과 비등한 자들이 있는데 그들을 이름하여 소봉이라 한다[今有無秩祿之奉爵邑之入 而樂與之比者 命曰素封]." 하였다.

―『시암집時庵集』卷之一.

장유 張維(1587~1638)

松廣寺贈玉上人 (寺在曹溪山)
송광사증옥상인 (사재조계산)

曹溪一勺水 千古發眞源
空潭印寶月 寒影浸山門
僧梵晚林響 佛燈深殿昏
團焦老衲在 對我共忘言

조계산의 한 표주박 물은
천고의 진원에서 보낸 것이다.
빈 연못에 보월이 비치면
차가운 그림자 산문에 잠긴다.
스님들의 범종 소리 저녁 숲에 울리고
불등은 전각 깊숙이 흐릿하고
초암(草菴)에는 노스님이 있어
나와 마주 보며 함께 말을 잊었다.
(寺前有印月潭)
절 앞에 인월담(印月潭)이 있다.

주(註).

장유(張維, 1587~1638) : 조선 시대 16대 인조(仁祖) 때의 명신(名臣)·학자(學者). 자(字)는 지국(持國), 호(號)는 계곡(谿谷). 본(本)은 덕수(德水). 장례원사의 장자중(張自重)의 증손으로, 할아버지는 목천현감 장일(張逸)이고, 아버지는 판서 장운익(張雲翼)이며, 어머니는 판윤 박숭원(朴崇元)의 딸이다. 우의정 김상용(金尙容)의 사위로 효종비 인선왕후(仁宣王后)의 아버지이다. 김장생(金長生)의 문인이다. 인조(仁祖) 반정에 공을 세워 대사간(大司諫)·대사성을 지내고, 정묘호란(丁卯胡亂) 때 강화(江華)로 임금을 수행(遂行)해서 벼슬이 우의정(右議政)에 이름. 천문(天文)·지리(地理)·의술(醫術)·병서(兵書)·그림·글씨에 능통(能通)했고 특(特)히 문장(文章)에 뛰어나 많은 저서(著書)를 남김. 시호(諡號)는 문충(文忠). 저서『계곡만필谿谷漫筆』,『계곡집谿谷集』,『음부경주해陰符經註解』등.

단초(團草) : 초가집.

―『계곡선생집谿谷先生集』卷之二十七.

이민구 李敏求(1589~1670)

松廣寺
송광사

十里曹溪寺 川聲送獨行
曉雲巖際起 春木水邊生
山夏隨人響 蘭香入履輕
開扃拜眞佛 方丈晚彌淸

조계사 가는 십 리 길에
냇물 소리가 홀로 가는 나그네에게 들려주네
새벽 구름은 바위 곁에서 일고
봄 나무는 물가에서 자란다.
산 메아리 사람 따라 울리고
난초 향기 가볍게 밟고 들어서서
빗장 열고 부처님께 절하니
방장실 저물녘이 더욱 맑다.

其二
地理移丹壑 天標近赤城
鐸兼僧語靜 泉入佛廚淸
千塔眞龍護 三幡法虎迎
六通如有道 余欲學無生

땅의 이치가 단학을 옮겨 놓은 듯
하늘 끝이 적성에 가깝네
목탁 소리 스님의 말소리 고요하고
부처님 부엌에 들어가는 샘은 맑다.
천 개의 탑은 진룡이 보호하고
세 개의 깃발은 법호(法虎)가 맞이하여
육신통에 도(道)가 있을 것 같으면
나는 무생을 배우리라

其三
玉地開千刹 金天照四霞
翻風吟貝葉 雜雨下空花
妙有觀眞佛 虛無辨劫沙
還從方丈內 一聽演三車

좋은 땅에 천년고찰 지으니
가을 하늘 사방 노을로 비추네
나부끼는 바람은 불경을 읊조리고
흩뿌리는 비는 공화로 내리니
묘유는 참 부처를 관함이며
허무는 겁사를 분별함이다.
다시 방장실로부터
한 번에 삼거의 말씀을 듣는다.

주(註).

이민구(李敏求, 1589~1670) : 조선 시대 부제학, 대사성, 도승지 등을 역임한 문신. 본관은 전주
(全州). 자는 자시(子時), 호는 동주(東州)·관해(觀海). 신당부수(神堂副守) 이정(李禎)의 증손으
로, 할아버지는 이희검(李希儉)이다. 아버지는 이조판서 이수광(李晬光)이며, 어머니는 김대섭(金
大涉)의 딸이다. 문장에 뛰어나고 사부(詞賦)에 능했을 뿐 아니라, 저술을 좋아해서 평생 쓴 책이
4,000권이 되었으나 병화에 거의 타 버렸다 한다. 저서로는『동주집東州集』·『독사수필讀史隨筆』
·『간언귀감諫言龜鑑』·『당률광선唐律廣選』등이 남아 있다.

단학(丹壑) : 붉은 산골짜기라는 뜻으로, 전설 속의 신선이 사는 곳이다. 적성(赤城)은 도교에서 말
하는 적성산동(赤城山洞)으로, 선경의 하나이다.

금천(金天) : 가을 하늘.

패엽(貝葉) : 패엽경(貝葉經). 패다라엽에 바늘이나 송곳 따위로 새긴 불경.

삼거(三車) : 성문이 태우는 양거(羊車), 연각이 태우는 녹거(鹿車), 보살이 태우는 우거(牛車)의
세 가지 수레.

―『동주집東州集』별집 제1권.

권별 權鼈(1589~1671)

題松廣寺
제송광사

曹偉
조위

問渠何事占長閑 雲水深深福地寬
舊業未抛猶是累 未應嗔客未休官

도랑을 건너면 무슨 일이 있냐고 물으니 길이 한가함을 점지하였네!
구름과 물 깊고 깊어 복지(福地)도 널찍하네.
구업(舊業)을 버리지 못하는 것도 누(累)가 되거늘
벼슬을 버리지 않는다고 객을 꾸짖지도 않는다.

주(註).
권별(權鼈, 1589~1671) : 조선 중기의 학자. 본관은 예천(禮泉)으로, 사간(司諫)을 지낸 권문해(權文海)의 아들. 왕실의 사적(事蹟)과 인물열전(人物列傳)을 집대성한『해동잡록海東雜錄』을 편술함.
조위(曹偉, 1454~1503) : 조선 시대 학자이며 문신. 본관이 창녕(昌寧)이고 호가 매계(梅溪)인 조위(曹偉)는 단종 2년(1504), 경북 금릉군(金陵郡) 봉서면(鳳山面) 인의동(仁義洞)에서 태어났다. 조위(曹偉)의 아명은 오용(五龍)인데 서제(庶弟) 조신(曹伸)과 함께 어려서부터 글재주가 뛰어나 일곱 살에 시를 지을 줄 알았다. 그러나 조위의 학문은 김종직(金宗直)과의 만남에서부터 시작된다. 조위가 순천(順天)에서 죽은 후 갑자사화가 일어나 무덤 앞 바위 밑에서 부관참시(剖棺斬屍)되었다.
―『해동잡록海東雜錄』卷之三.

조문수 曺文秀(1590~1647)

宿松廣寺 次僧卷中韻
숙송광사 차승권중운

客邊秋興海南鄉 看盡千家橘柚黃
今夜又經僧院宿 滿床松桂五更涼

객지의 가을이 한창인 해남 향리는.
보이는 곳 모두 천가에 유자와 귤로 황금빛이네
오늘 밤 승원에서 지내게 되어 잠을 자는데
침상 가득 소나무 계수나무로 오경이 시원하다.

주(註).
조문수(曺文秀, 1590~1647) : 조선 시대 좌승지, 호조판서, 강원도관찰사 등을 역임한 문신. 서예
가. 본관은 창녕(昌寧). 자는 자실(子實), 호는 설정(雪汀). 주부(主簿) 경인(景仁)의 아들이며, 좌
상 심수경(沈守慶)의 외손이다. 금석으로 영변의 <보현사편양당대사비普賢寺鞭羊堂大師碑>,
고양의 <좌상유홍비左相兪泓碑> 등을 썼다. 그림과 시도 잘하였다. 저서로는『설정시집』6권이
있다.『대동서법大東書法』등에 필적이 모각되어 있다.
객변(客邊) : 객지. 외지.
귤유(橘柚) : 귤과 유자를 아울러 이르는 말.
─『설정시집雪汀詩集』卷之四.

강대수 姜大遂(1591~1658)

松廣寺
송광사

湖海三千界 雲山一萬重
諸天開洞府 寶地近雷封
小閣窓臨磵 孤峰石戴松
客來聊隱几 睡罷上方鍾

호수와 바다가 삼천 경계이고
구름과 산이 일만으로 거듭된다.
모든 하늘이 마을과 계곡을 열었고
보배로운 땅은 현령과 가깝다.
작은 누각의 창은 계곡물 가까이했고
높은 봉우리 돌 위에 소나무 실렸다.
객은 와서 애오라지 안석에 기대여
졸다가 위에서 들려오는 종소리에 깨어난다.

주(註).

강대수(姜大遂, 1591~1658) : 조선 시대 호조좌랑, 예조정랑, 병조참의 등을 역임한 문신. 본관은 진주(晉州). 초명은 강대진(姜大進). 자는 면재(勉哉)·학안(學顔), 호는 춘간(春磵)·한사(寒沙)·정와(靜窩). 강인수(姜仁壽)의 증손으로, 할아버지는 강세탁(姜世倬)이고, 아버지는 사간 강익문(姜翼文), 어머니는 합천 이씨(陜川李氏)로 이후신(李後臣)의 딸이다. 여러 대에 걸쳐 합천에서 살았다. 저서로는 『한사집寒沙集』7권 3책이 있다.

호해(湖海) : 호수와 바다

뇌봉(雷封) : 뇌봉(雷封)은 지방의 작은 고을을 맡아 다스리는 수령을 뜻한다. 일반적으로 사방 100리 정도 되는 고을이 현(縣)이다. 또 천둥이 치면 그 소리가 100리가량 진동한다. 이 두 사실을 연결하여 흔히 현령(縣令)을 '뇌봉'이라고 한다.

안석궤(案席几) : 한자 부수의 하나. 안석, 책상이라는 뜻을 가지고 있다. 한자의 제자 원리를 뜻하는 육서 중의 상형자로서 책상(几)모양을 본떴다.

—『한사선생문집寒沙先生文集』卷之一.

정지우 鄭之羽(1592~1646)

松廣寺次韻
송광사차운

大吉千年寺 樓臺重復重
古壇紅葉滿 深院綠苔封
窓響風生竹 庭寒雪壓松
白頭僧不寐 和月曉鳴鐘

대 길상인 천 년의 고찰은
누대가 거듭 거듭하네.
옛 제단에는 홍엽이 가득하고
깊은 승원에는 초록 이끼로 덮였네.
창밖으로 대밭 바람 소리 울리고
정원에는 찬 눈이 소나무를 누른다.
노스님은 잠 못 이루고
달빛 속에 새벽종을 울린다.

偶得簿書暇 聊爲蕭寺行
水流僧夢遠 山靜客心淸
雪冷孤燈影 風殘一磬聲
夜來綠境寂 無復官遊情

우연히 공무의 한가로움을 얻어
애오라지 소소한 절에 가게 되었다.
흐르는 물은 스님의 꿈속에서도 멀고
고요한 산은 나그네 마음을 맑게 하네
눈은 차고 등 그림자 외롭고
잦아든 바람에 석경이 울린다.
밤이 오니 푸르름은 고요해
다시는 벼슬길에 노닐 생각 없네.

自愛曹溪勝 來登溪上樓
清窓涵碧色 夜松聽寒流
簷豁雲天宙 欄虛月幾秋
山門淸債在 春日擬重遊

내가 좋아하는 조계의 수승함에
찾아와 개울 침계루 위에 오르면
맑은 창은 푸르름에 빠지고
밤 소나무 시원한 개울 소리 듣는다.
처마 끝에 열린 구름 하늘 굴로
빈 난간에 비친 달은 몇 해이었나.
산문에 진 빚이 없으니
어느 봄날에 다시 올까 하네.

주(註).
정지우(鄭之羽, 1592~1646) : 조선 중기의 문신으로 본관은 동래(東萊)이며 자는 자수(子修), 호는
창해자(滄海子)이다. 1624년(인조 2년) 문과에 급제한 후 승정원 승지 등을 지내고 가선대부(嘉善
大夫)에 올랐다.
청채(淸債) : 남에게 꾸어 쓴 돈이나 물건 따위를 모두 갚음. 빚을 갚다. 부채를 청산하다.
—『순천옛시』, 2부, p. 70~71.

심동구 沈東龜(1594~1660)

曹溪山松廣寺 次僧軸韻
조계산송광사 차승축운

蕭蕭秋雨病他鄕 萬事無心髮欲黃
窓外曉晴山鳥語 故園歸夢一江凉
湖南形勝說仙鄕 亂竹蒼蒼橘柚黃
前輩風流不可見 淸詩讀罷自凄凉

가을비 소소히 내리는 병든 타향에
만사에 관심은 없고 머리는 누렇게 되려고 한다.
창밖에 새벽이 밝아 오니 산새가 울고
고향으로 돌아가는 꿈속 강이 서늘하다.
호남의 명승지로 신선의 고향이라 말하고
푸르른 대나무에 귤과 유자가 황색이다.
이전 풍류를 즐기던 이들은 보지 못했다.
맑은 시를 읽으니 자신의 처량함이 없어졌다.

松廣寺
송광사

百里招提境 岩花影裡行
客來松院靜 僧臥竹樓淸
水石三生夢 風鐘半夜聲
明朝出山去 一笑虎溪情

절은 백 리 지경이다.
바위 꽃 그림자 속이다.
객이 와도 송광사는 고요하고
스님이 누운 죽루는 맑다.
수석은 삼생의 꿈이요
한밤에 풍경 소리 울린다.
내일 아침 산을 나가나니
호계의 정으로 웃는다.

주(註).

심동구(沈東龜, 1594~1660) : 조선 후기 종부시정, 응교, 집의 등을 역임한 문신. 본관은 청송(靑松). 자는 문징(文徵), 호는 청봉(晴峰). 개국공신 심덕부(沈德符)의 후손이며, 첨정 심자(沈磁)의 증손이다. 할아버지는 목사 심우정(沈友正)이고, 아버지는 판서 심집(沈諿)이며, 어머니는 직제학 홍종록(洪宗綠)의 딸이다. 시문을 좋아하여 『청봉집晴峯集』을 남겼다.

소소(蕭蕭) : 바람이 불거나 비가 오는 모양이 쓸쓸함. 소슬함.

창창(蒼蒼) : 푸르고 넓다. 짙은 푸른색의. 초목이 무성한 모양.

처량(凄凉) : (신세나 세월이) 처참하다. 처량하다.

고원(古園) : 옛날에 만들어진 뜰. 고향.

형승(形勝) : 지세나 풍경이 뛰어남.

송광사(松廣寺) : 이 시는 지봉의 시와 같다.

—『청봉집晴峯集』卷之二.

임담 林墰(1596~1652)

松廣寺次韻
송광사차운

殿閣雲邊揷 遊人鏡裏行
風烟隨處勝 魂骨坐來淸
樹帶千年色 灘喧昨雨聲
居僧輪疑語 重到更多情

전각은 구름 가에 서 있고
노니는 사람은 거울 속을 거니네.
바람과 안개는 곳에 따라 수승하여
앉았으니 혼 골이 맑아 오네.
나무는 천 년의 색을 둘렀고
개울물은 어제의 빗소리이네.
거주하는 스님은 의심하듯 말을 하나,
거듭 다시 이르면 다정도 하네.

주(註).
임담(林墰, 1596~1652) : 이조판서를 지냈으며, 시호는 충익(忠翼)이다.
―『순천옛시』, 2부, p.80.

황호 黃㦿(1604~1656)

過松廣寺
과송광사

寺洞陰陰水碓舂 芒鞋踏盡翠微重
倚雲松骨疑僵虎 掛壁藤枝欲化龍
萬劫回廊藏世界 億身諸佛見眞容
高僧別我無佗話 偶采仙茶贈一封

절 계곡 흐르는 물로 방아를 찧고
짚신이 해지도록 산 중턱을 올라
구름에 기댄 송골은 범이 웅크린 듯하고
푸른 벽에 걸린 등나무 가지는 용인 듯하다.
만겁의 회랑은 화장세계이며
천백억 화신은 제불의 참 면목을 보인 것이다.
고승은 나와 이별하며 다른 말은 없고
찻잎 따서 만든 선다(仙茶) 한 봉지를 준다.

주(註).

『만랑집漫浪集』: 황호(黃床, 1604~1656)의 문집이다. 만랑은 별호이고, 본관은 창원(昌原)이다. 1637년(인조 15년) 통신사의 종사관으로 일본에 다녀왔고, 대사성과 대사간 등을 역임하였으며, 사은 부사(謝恩副使)로 연경에 다녀오기도 했다.

음음(陰陰) : 음음하다의 어근. 어슴푸레함. 음울함.

망혜(芒鞋) : 짚신.

수대(水碓) : 물방아. 물레방아.

취미(翠微) : 청록(靑綠)빛의 산색(山色). 산의 중허리. 산의 중턱. 청산(靑山).

억신(億身) : 백억신(百億身). 헤아릴 수 없이 많은 석가의 화신.

— 『만랑집漫浪集』卷之四.

조시일 趙時一 (1606~?)

松廣寺臨鏡堂
송광사임경당

(一)
靑山千萬疊 路轉水重重
古塔浮雲護 空壇落葉封
潭虛留皓月 石老長寒松
半夜塵幾息 談去到曉鍾

청산은 천만으로 겹겹이고
길 돌아가는 물은 거듭한다.
옛 탑은 뜬구름으로 감싸고
빈 제단은 낙엽으로 가득하다.
빈 연못에는 달빛이 머물고
오래된 돌 곁에 소나무 자란다.
밤 깊은 번뇌는 얼마나 쉬었을까.
이야기하는 도중에 새벽종이 울리네.

(二)

塵間烟火客 一上澗邊樓
雲盡天無際 山空水自流
淸光今夜月 紅葉萬林秋
安得移新畵 高堂辨壯遊

세간 화택 속 객이
한 개울가 누각에 올랐다.
구름 벗은 하늘은 끝이 없고
산은 공하고 물은 저절로 흐르네.
맑은 빛 오늘 밤 달에
붉은 단풍으로 산 가득 가을이네.
어떻게 이러한 새로운 그림을 얻을 수 있을까.
높은 집에서 성하게 놀았네.

주(註).
조시일(趙時一, 1606~?) : 1606년(선조 39년)~미상. 조선 중기의 의병장이다. 자는 자건(子健)이
며, 본관은 옥천(玉川)이다. 충현공(忠顯公) 조원길(趙元吉)의 후손으로, 조지륜(趙智崙)의 6세손
이며, 부는 조현(趙晛)이다. 1633년(인조 11년) 계유(癸酉) 식년시(式年試) 진사(進士) 3등 41위로
사마시(司馬試)에 합격하였다. 1636년(인조 14년) 병자호란(丙子胡亂) 때 의병(義兵)을 일으켜 삼
종제(三從弟: 팔촌 동생) 조시술(趙時述)과 함께 충청도(忠淸道) 여산(礪山 : 지금의 전라북도 익
산시 여산)으로 출병하였다. 그러나 곧 화의(和議)가 이루어졌다는 소식을 듣고, 통곡을 하며 돌
아왔다고 한다. 조시일은 1653년 이율(李㠕) 등과 순천시의 옥천서원을 중수하였다.
호월(皓月) : 아주 맑고 밝은 달.
—『조계산송광사지曹溪山松廣寺誌』, 『순천옛시』, 5부, p. 433~434.

허수 許洙(1587~?)

松廣寺
송광사

古洞無人老堠迎 寺樓金碧眼偏明
溪聲如雨千林黯 峽翠和烟一磬淸
山靜偶懷藏世計 僧閒試問出家庭
竹陰滿院鶯初歇 懶倚藤床睡意成

오래된 골짝 사람은 없고 오래된 이정표가 맞이하고
절 누각은 빛이 나 눈을 번쩍 뜨이게 한다.
개울물은 빗소리와 같고 많은 나무숲은 어둡고
골짜기 푸르름과 안개 속으로 풍경 소리 맑게 들리네.
산은 고요히 벗들이 품은 세상사 이야기 감추고
스님에게 한가로이 시험 삼아 출가 내력을 묻는다.
대 그늘 집 안 가득하니 꾀꼬리 울음 그치고
나른함에 등나무 평상에 올라 잠을 이룬다.

주(註).
허수(許洙, 1587 丁亥生) : 문과(文科) 광해군 2년(1610) 알성시 을과(乙科). 승정원일기 인조 11년
계유(1633, 숭정 6년)에 허수(許洙)를 통훈대부 행 순천 군수(行順天郡守)로.
금벽(金碧) : 금빛과 푸른빛이라는 뜻으로, 아름다운 빛깔을 이르는 말.
죽음(竹陰) : 울창한 대나무 숲이 만든 그늘.
—『순천옛시』 4부, p.199.

정필달 鄭必達(1611~1693)

與都事李時馣 營將洪汝漢 高山宰李恒鎭 判官郭齊華
여도사이시함 영장홍여한 고산재이항진 판관곽화
提督宋協 遊松廣寺
제독송협 유송광사

物外眞遊報鶴知 招提行色共雲遲
滿簾空翠山圍畫 欹枕淸香月入詩
碁到鍾聲僧定後 酒醒驢背客回時
風光最是龍門雪 天意分明借好期

물외 진인이 노니는 것을 학의 알림으로 알고
절을 찾는 모습이 구름처럼 더디기만 하였네.
주련 가득 비취색 하늘은 산을 에워 그림이고
베개를 돋운 맑은 향기에 달은 시로 들어온다.
바둑은 종소리로 이르고 스님은 정에 든 이후라
술을 깨고 나귀를 타고 객은 돌아갈 때이다.
풍광이 최고인 곳은 용문에 내린 눈으로
하늘의 뜻이 분명한 좋은 기약이었다.

주(註).

정필달(鄭必達, 1611~1693) : 조선 후기 사헌부감찰, 예조좌랑, 첨지중추부사 등을 역임한 문신. 본관은 진주(晉州). 자는 사겸(士兼), 호는 팔송(八松). 아버지는 유학 정준(鄭浚)이다. 정온(鄭蘊)·조경(趙絅)의 문하에서 수학하였다. 저서로는『팔송집八松集』이 있다.

이시함 (李時馠, 1611~1660) 자는 문원(聞遠)이고, 호는 농운(隴雲)이며, 본관은 성주(星州)이다.

홍여한(洪汝漢, ?~1662) 본관은 남양(南陽). 자는 도가(道可), 호는 모담(慕潭). 1661년(현종 2년) 4월 3일 김해부사로 부임하여 이듬해 2월 4일 관아에서 세상을 떠났다.

이항진(李恒鎭, 1615~1668) 본관은 여주(驪州) 자는 군산(君山) 호는 라산(羅山)이다.

곽제화(郭齊華, 1625~1675)는 곽성구의 아들로 1650년(효종 1년)에 증광 문과에 병과로 급제하여, 지평·정언·장령을 거쳤다. 1663년(현종 4년) 경성 판관이 되었을 때 월과(月課)를 짓지 않아 파직되고, 그 벌로 군역에 복무하였다. 그 뒤 1675년 헌납(獻納)에 제수된 이후 사간·집의(執義)를 역임하였다.

송협(宋協, 1599~)의 본관 여산, 자는 이화(而和). 1649년 사재참봉, 학록 1652년 전적, 지례현감, 1656년 전적, 1657년 예조좌랑, 병조좌랑, 1660년 감찰, 형조정랑, 결성현감.

—『팔송선생문집八松先生文集』卷之一.

남용익 南龍翼(1628~1692)

歸覲茂縣 與湖伯趙禹瑞約會松廣寺 山行記實
귀근무현 여호백조우서약회송광사 산행기실

絕峽通熊嶺 危途近鳥林
葉應同客醉 溪亦共吾吟
地僻秋先老 崖傾日易陰
欲尋松廣寺 蘿逕有孤琴

깎아지른 절벽은 웅령으로 통한다.
길이 위험해 새집에 가깝다.
만산홍엽은 나그네 취하게 하고
시냇물은 나와 함께 시를 읊네
궁벽한 땅은 가을이 먼저 늙고
벼랑에 지는 해는 쉬이 그늘진다.
송광사를 찾고자 하니
덩굴 우거진 길 거문고 소리만 외롭다.

주(註).

남용익(南龍翼, 1628~1692) : 조선 후기 좌참찬, 예문관제학 등을 역임한 문신. 학자. 본관은 의령(宜寧). 자는 운경(雲卿), 호는 호곡(壺谷). 남복시(南復始)의 증손으로, 할아버지는 남진(南鎭)이고, 아버지는 부사 남득명(南得明)이며, 어머니는 신복일(申復一)의 딸이다.

조귀석(趙龜錫, 1615~1665) : 조선 후기 양주목사, 전라감사, 승지 등을 역임한 문신. 본관은 양주(楊州). 자는 우서(禹瑞), 호는 장륙당(藏六堂). 중찬성 조남(趙擥)의 증손으로, 할아버지는 지돈녕부사 조존성(趙存性)이고, 아버지는 판서 조계원(趙啓遠)이다. 어머니는 평산 신씨(平山申氏)로 신흠(申欽)의 딸이다. 정홍명(鄭弘溟)의 문인이다. 저서로『장륙당유집』2권이 있다.

무현(茂縣) : 무주현(茂朱縣).

절협(絶峽) : 아주 깊고 험한 두메.

웅령(熊嶺) : 진안(鎭安) 웅령(熊嶺) 全州界 又見全州.

지벽(地僻) : 아주 구석지고 으슥하다.

松廣寺 喜逢趙按使
송광사 희봉조안사

(曾於辛丑秋 與按使有檜巖寺之會 前後皆有雨 故首句云)
(증어신축추 여안사유회암사지회 전후개유우 고수구운)

舊雨仍今雨 他鄕似故鄕
夜聯松寺枕 秋憶檜巖觴
聚散人生老 艱危國事傷
惟當各努力 萬一報君王

회암사에서도 비가 오더니 여기서도 비가 오네.
타향이 고향 같다.
송광사에서 몇 밤을 지내니
그 가을 회암사 술 생각이 난다.
모였다 흩어지면 인생은 늙고
나라는 상처로 어렵고 위태로우니
오로지 각자가 노력함이 마땅하니
만에 하나라도 임금에게 보답하여야.

주(註).
안사(按使) : 안찰사(按察使), 고려, 조선 시대 각 도의 행정을 맡았던 으뜸 벼슬.
조안사(趙按使) : 조귀석(趙龜錫).
간위(艱危) : (국가·민족이) 곤란하고 위태롭다. 어렵고 위험하다.
─『호곡집壺谷集』卷之五.

오시수 吳始壽(1632~1681)

巡到順天松廣寺
순도순천송광사

綠陰芳草蘸晴洲 白雨初收晚靄浮
衙罷小樓靈境寂 磬殘諸殿寶龕幽
簇巒當戶天容窄 懸瀑衝欄夜響稠
巖鳥一聲叢桂老 百年塵事入搔頭

푸르름 우거지고 향기 풀과 맑은 물에 잠긴 모래톱
폭우 그치니 느지막이 연무가 낀다.
업무를 파한 작은 누각의 신비한 경치는 적막하고
경쇠 소리 잦아든 모든 불전은 그윽하다.
조릿대처럼 가득한 당호는 하늘이 좁고
폭포 소리 난간을 넘어 한밤에도 메아리친다.
바위새 울음소리에 계수나무 늙은 무더기
백 년 세상사는 생각에 잠기게 하네.

주(註).

오시수(吳始壽, 1632~1681) : 조선 후기 전라도관찰사, 호조판서, 예조판서, 우의정 등을 역임한 문신. 본관은 동복(同福). 자는 덕이(德而), 호는 수촌(水邨). 관찰사 오백령(吳百齡)의 증손으로, 할아버지는 관찰사 오단(吳端)이고, 아버지는 관찰사 오정원(吳挺垣)이다. 어머니는 좌참찬 윤의립(尹毅立)의 딸이다. 저서로는『수촌집水村集』이 있다.

백우(白雨) : 뇌우(雷雨). '雹'(우박)의 다른 이름.

현폭(懸瀑) : 폭포.

아파(衙罷) : 관아(官衙)의 사무를 파함. 퇴근(退勤).

소두(搔頭) : 머리를 긁다. (sāotóu) '簪'(비녀)의 다른 이름. 사색하다. 생각에 잠기다.

―『수촌문집水村文集』卷之一.

임홍량 任弘亮(1634~1707)

次演上人贈韻 演卽松廣寺僧秀演
차연상인증운 연즉송광사승수연

陶慧蘸蓼意已會 神交何待送書郵
相逢未歟還相別 歸路山川揔帶愁

도연명과 혜원은 비울 뜻으로 이미 모였으니
정신으로 주고받는데 어찌 서신 보내오기를 기다리리오.
서로 만나면 의심 없이 도리어 서로 이별하고
돌아가는 길에 산천이 모두 근심을 띤다.

附原韻
부원운

烟霞幸作談玄會 二使君邊一督郵
客去花殘春又暮 靑山默默似含愁

연하 속에 다행히 이야기로 깊이 알았으나
이사(二使)와 군변(君邊)에 한 감독관을 드리우니
객은 가고 꽃은 죽고 봄 또한 저물어
청산은 묵묵히 근심을 머금은 것 같다.

주(註).

임홍량(任弘亮, 1634~1707) : 조선 후기 명주군수, 명주목사 등을 역임한 문신. 본관은 풍천(豊川). 자(字)는 사인(士寅), 호는 폐추(敝帚). 아버지는 부호군(副護軍) 임준(任晙), 어머니는 능주구씨(陵州具氏)로 구강(具剛)의 딸이다. 이황(李滉)을 사숙(私淑: 직접 가르침을 받지 않았으나 스스로 그의 학덕을 본받아 학문을 닦음)하였다. 저서로는『폐추유고敝帚遺稿』4권이 있다.

수연(秀演, 1651~1719) : 성은 오씨(吳氏), 호는 무용(無用). 8세에 경서(經書)와『사기史記』를 읽었으며, 13세에 부모가 죽자 형에게 의지하여 살았다.

19세에 조계산 송광사(松廣寺)로 출가하여 혜관(惠寬)의 제자가 되었고, 혜공(慧空)으로부터 구족계(具足戒)를 받았다. 그 뒤 불경을 공부하다가 1673년(현종 14년)에 마음의 근본을 깨닫는 것이 참선과 교리의 연구에 있음을 느끼고 참선수행에 몰두하였다. 죽기 직전에는 아미타불 염불에 전념하다가 나이 68세, 승랍 51세로 입적하였다. 문인들이 다비(茶毘)한 뒤 유골을 모아 부도를 세웠다. 저서로는 시문집인『무용집無用集』3권이 전한다.

독우(督郵) : 독우는 원래 한(漢)나라 때 설치한 관명(官名)으로 태수(太守)를 보좌하여 속현(屬縣)을 감찰하고 관리의 성적을 고과(考課)하는 일을 맡은 순찰관(巡察官)을 이르는데. 조선조에는 각 도의 역참(驛站)을 관리하던 찰방으로 7품직이었다.

소요(蘇寥) : 비웠다. 쉬었다. 소생하다.

평원독우(平原督郵) : 중국 평원(平原)에 격현(鬲縣)이 있는데, 격(鬲)은 격(膈)과 통용되어, 나쁜 술은 가슴[膈] 위까지만 머무른다는 뜻. 중국 남북조 시대 진(晉)나라 환온(桓溫)에게 술맛을 잘 아는 주부(主簿)가 있었는데, 그가 나쁜 술을 평원독우(平原督郵)라 부른 것에서 유래한 말로, 나쁜 술을 의미함.

군변(君邊) : 임금의 주변.

—『폐추유고敝帚遺稿』卷之二.

이옥 李沃(1641~1698)

次松廣寺板上芝峯韻
차송광사판상지봉운

塔湧浮千劫 山幽匝百重
文星猶海曲 靈境卽雷封
環佩清傳澗 笙簧亂奏松
晤言終此夕 寮外已晨鍾

탑은 솟아 천 겁을 지나고
산 깊어 백 겹으로 돌았네.
문성은 오히려 해곡이라 하였고
신령한 경계는 뇌봉이라 했다.
환폐의 청정을 전하는 간수
생황으로 연주하기 어려운 송현(松絃)
마침내 이 저녁에 마주 앉아
요사 밖은 이미 새벽 종소리

주(註).

이옥(李沃, 1641~1698) : 본관은 연안, 자는 문약(文若), 호는 박천(博泉)이다.

문성(文星) : 문운(文運)을 주관한다는 문창성(文昌星) 혹은 문곡성(文曲星)으로, 문재(文才)가 뛰어난 인사를 비유하는 말. 저명한 문인.

해곡(海曲) : 해안이 안쪽으로 쑥 들어간 곳.

뇌봉(雷封) : 현령이 지키는 영역. 현령의 이칭(異稱). 현(縣)은 보통 사방 100리 정도 되는 고을인데, 천둥이 치면 그 소리가 100리쯤 진동한다 하여, 현령(縣令)을 뇌봉이라고 하였다.

환패(環佩) : 조선 시대, 벼슬아치들이 금관 조복을 입을 때 좌우로 늘여 차던 장식.

간수(澗水) : 산골짜기에서 흐르는 물.

생황(笙簧) : 아악에 쓰는 관악기. 나무로 박 모양의 통을 만들어 17개의 대나무 관을 꽂고 통 옆에 만든 숨구멍을 불면 관 아래에 붙인 금속 혀가 떨리고 이 소리가 관을 통해 커진다.

오언(晤言) : 면담하다.

— 『박천선생시집博泉先生詩集』卷之十三.

김창흡 金昌翕(1653~1722)

松廣寺略記所見示演老
송광사략기소견시연노

隨喜鷄園未覺慵 回廊疊殿捻禪蹤
捿簷雨宿聞經鴿 護塔雲嘘貯鉢龍
臨鏡有堂淹北客 菩提無樹認南宗
不知水石亭中老 能許淵翁買小峯

계원사 기쁨을 따라 깨닫지 못하다가
회랑과 많은 전각들이 선의 자취가 되었다.
처마에 깃들어 비를 피한 비둘기 경전 소리 듣고
구름 토해 탑을 보호한 용은 발우에 잠기고
임경당은 북에서 온 객을 오래 머물게 하고
보리는 나무가 없다 함은 남종이 인가한 것이나
수석정 노승은 알지 못해
능히 연옹에게 작은 봉우리를 팔기로 약속했다.

題三淸仙閣
제삼천성각

春風节屐强衰慵 再入名山訪舊蹤
己信專精甁掩雀 可能傳法鉢藏龍
星垂寶閣三淸境 地秘空門上乘宗
半日憑欄花雨細 且看雲氣起西峯

봄바람에 지팡이 나막신으로 몸은 약하고 게으르지만
다시금 명산의 옛 자취를 찾아들었다.
신심으로 오롯이 정진하는 병 속의 새의 화두와
능히 법으로 전하는 발우에 용을 감추었다.
별이 보전에 드리우니 삼청은 절경으로
비밀스러운 땅은 공문의 상승종이다.
하나 절을 난간에 의지하니 꽃비가 가늘게 날리고
또한 구름이 서봉에서 일어나는 것이 보인다.

주(註).

김창흡(金昌翕, 1653~1722) : 조선 후기 학자. 서울 출신. 본관은 안동(安東). 자는 자익(子益), 호는 삼연(三淵). 좌의정 김상헌(金尙憲)의 증손자이고, 아버지는 영의정 김수항(金壽恒)이며, 어머니는 안정 나씨(安定羅氏)로 해주목사 나성두(羅星斗)의 딸이다. 형은 영의정을 지낸 김창집(金昌集)과 예조판서·지돈녕부사 등을 지낸 김창협(金昌協)이다. 이단상(李端相)의 문인이다. 김창흡은 『중용』의 미발(未發)에 대해서도 깊이 연구하였다. 또한 인품(人品)을 6등으로 나누어 성인(聖人)·대현(大賢)·군자(君子)·선인(善人)·속인(俗人)·소인(小人) 등으로 구분하기도 하였다. 저서로는 『삼연집三淵集』·『심양일기瀋陽日記』 등이 있다.

계원사(雞園寺) : 고대 인도 마가다 왕국의 파탈리푸트라 부근에 있던 절. 아소카 왕이 창건하였으며 당시 불교의 중심이 되었다. 3차 결집을 부처님 열반 후 약 300년 후인 B.C 247년에 중인도 마갈타국에 있는 계원사(雞園寺)에 비구 1,000명이 모여 9개월간에 걸쳐 기존의 경율론을 정비한 후 최초로 경전이 문자화 되었으며 이때 사용한 문자는 팔리어이다.

발용(鉢龍) : 용을 발우에 가두었다는 의미.

삼연(三淵) : 김창흡의 호가 삼연이다.

연옹(淵翁) : 김창흡을 가리킨다.

힐항(頡頏) : 비슷한 힘으로 서로 맞서 버팀. 새가 날면서 오르락내리락함. 오만하게 윗사람과 맞섬이다.

―『조계산송광사지曹溪山松廣寺誌』.

松廣寺別羅光世
송광사별라광세

洛裏何情歀 湖南得頡頏
高低山上屐 出沒海中航
馹路塵先颺 鵬天興共翔
曹溪爲別地 爾我孰閑忙

낙수 속에 무슨 정을 의심하리
호남의 큰 힘을 얻음이다.
높고 낮은 산 위의 나막신이요
파도치는 바다 가운데 배이다.
역참의 길 먼지가 먼저 날아들고
붕새가 하늘을 날아 함께 돈다.
조계는 별천지가 됨이니
너와 내가 무슨 걱정을 하랴.

水石亭 和亭主演大師韻
수석정 화정주연대사운

寥寥觀水坐 不復禮金仙
檻靜雲猶觸 潭虛月豈穿
論心與鱗羽 護境聽龍天
壯客停塵鞦 如登兜率然

조용히 물을 관하고 앉아
부처님께 예배하지 않았네.
정자의 고요함에 구름이 부딪치니
연못이 비었는데 달이 어찌 뚫으리
마음 논하기를 새와 물고기로 함께하니
경계를 보호하는 용과 천신이 듣네
나그네 티끌의 굴레에 머물러 있으나
도솔천에 오른 것과 같다네.

주(註).

주연(主演) : 무용(無用) 수연(秀演, 1651~1719) 선사이다. 19세에 조계산 송광사(松廣寺)로 출가하여 혜관(惠寬)의 제자가 되었고, 혜공(慧空)으로부터 구족계(具足戒)를 받았다. 그 뒤 불경을 공부하다가 1673년(현종 14년)에 마음의 근본을 깨닫는 것이 참선과 교리의 연구에 있음을 느끼고 참선 수행에 몰두하였다. 저서로는 시문집인『무용집無用集』3권이 전한다.

요요(寥寥) : 매우 적다. 적막하고 공허한 모양.

인우(鱗羽) : 어류와 조류를 아울러 이르는 말.

우적(牛籍) : 방울지어 떨어지는 비.

─『삼연집습유三淵集拾遺』卷之十.

又自吟要和
우자음요화

南來無水石 洗目獨斯亭
仔細看疏鑿 淸通閱性靈
花陰團迥塢 桐雨滴疎櫺
願與師同夏 收因會寂惺

남쪽으로 오니 수석정이 없더니
유독 이정자는 눈을 씻어 주네.
자세히 막히고 뚫린 곳을 보니
맑기가 성령과 통함을 확인했네.
꽃그늘 멀리 울타리 되었고
오동나무에 내린 빗방울 격자창 된다.
소원하던 스님과의 여름을 함께하니
인연을 거두니 성성적적(惺惺寂寂)함을 알았네.

조정만 趙正萬(1656~1730)

將向松廣寺 鄭久而 (浹) 極言路險 戲贈一絶
장향송광사 정구이(협) 극언로험 희증일절

君言棧道上天難 石磴雲梯未易攀
我謂險艱無此地 人間別有太行山

그대는 "잔도(棧道)로 상천(上天)하기 어렵고
돌계단 구름사다리로도 쉬이 잡지 못한다." 말하고
나는 험간(險艱)함은 이 땅에 없고
인간에게 달리 태행산이 있다고 말하였다.

주(註).
조정만(趙廷晩, 1656~1739) : 조선 후기 한성부판윤, 형조판서, 지중추부사 등을 역임한 문신. 학자. 본관은 임천(林川). 자는 정이(定而), 호는 오재(寤齋). 아버지는 합천군수 조경망(趙景望)이며, 어머니는 진주 유씨(晉州柳氏)로 유식(柳寔)의 딸이다. 송준길(宋浚吉)·송시열(宋時烈)의 문인이다. 김창협(金昌協)·김창흡(金昌翕)·이희조(李喜朝) 등과 친교가 깊었다. 저서로는『오재집 寤齋集』이 있다.
잔도(棧道) : 다니기 힘든 험한 벼랑 같은 곳에 선반을 매듯이 하여 만든 길.
상천(上天) : 땅이나 바다 위로 아득히 떨어져 있는, 해와 달과 별이 있는 넓은 공간.
석등(石磴) : 돌층계. 또는 돌이 있는 비탈길.
험간(險艱) : 험하여 다니기에 위험하고 어렵다.
태행산(太行山) : 타이항산맥, 중국, 화베이 중부의 남북으로 늘어선 산맥, 허난성 북부에서 북쪽으로 뻗고, 산시·허베이 성의 경계를 이룬다.
우공(愚公) : 중국 고대 전설상의 인물. 나이 90에 자기가 살던 북산(北山)을 가로막고 있는 태행산(太行山)과 왕옥산(王屋山)을 옮기기로 맹세하고 흙을 퍼 나르자 천제(天帝)가 감동하여 두 산을 옮겨 주었다 함.

夜到松廣寺 次贈曉行上人
야도송광사 차증효행상인

古寺千年木 秋山一點燈
客隨鳴磬至 終夜對高僧

오래된 절에 천 년 나무가
가을 산 한 점 별과 같다.
객은 경쇠 소리 이르는 곳을 따라
밤을 마치도록 고승과 대화했네.

臨鏡臺
임경대

曹溪流水出山流 盡日尋源到石樓
木老虛庭高百尺 苔封古塔閱千秋
孤雲一去丹書在 瑤草長春紫洞幽
向夜鍾清星斗轉 石壇明月喚僧遊

조계에 흐르는 물은 산에서 흘러나온 것이라
하루가 다하도록 근원을 찾다 석루에 이르렀다.
나무는 늙고 뜰은 비었는데 높이는 백 척으로
이끼가 끼어 오래된 탑으로 천 년을 지냈다.
고운이 한 번 지나가니 단서(丹書)가 남아 있고
긴 봄 요초에 계곡이 붉고 깊다.
저녁 종소리 맑고 북두칠성 돌아
석단에 달 밝아 스님과 노닐며 노래한다.

주(註).
단서(丹書) : 중국 고대의 황제(皇帝)와 전욱(顓頊)의 불로장생의 도(道)가 기재되어 있다는 글.
요초(瑤草) : 요초는 신선 세계에 피어난다는 불로초를 가리킨다.
석단(石壇) : 돌로 높게 만들어 놓은 단.
—『오재집寤齋集』卷一.

정식 鄭栻(1683~1746)

松廣寺
송광사

寺在漕溪萬疊深 國師遺跡有觀音
千年枯木無生滅 一箇靈珠翫古今
寶界留經香水淨 高禪傳法聽龍潛
沙門暫住探眞杖 怳惚烟霞惱客心

절은 조계의 첩첩산중에 있고
국사의 남긴 자취는 관음이시다.
천 년 전 고사한 향나무는 생멸이 없고
한 개의 영롱한 염주는 고금에 노닌다.
보계에 머물다 흐르는 향수는 맑고
고승이 전한 선법은 용이 잠기듯 듣는다.
사문은 잠깐 머물면서 진리를 찾고
황홀한 노을에 객의 마음은 번거롭다.

주(註).

정식(鄭栻, 1683~1746) : '명암 처사' 본관은 해주(海州), 자는 경보(敬甫)이다. 과거 공부를 접고 명나라의 일민(逸民)으로 자처하여 명암 거사로 자호하였다. 46세 되던 해인 1728년(영조 4년)에 가솔을 이끌고 지리산 무이동(武夷洞)으로 들어가 구곡(九曲) 가에 무이정사(武夷精舍)를 짓고, 용담(龍潭) 가에 와룡암(臥龍菴)을 짓고서 벽에 직접 그린 제갈량(諸葛亮)과 주희(朱熹)의 초상을 걸고 우거하다가 이곳에서 졸하였다. 저서에 『명암집明庵集』이 있다.

영주(靈珠) : 완주가(翫珠歌) 고려 말 나옹화상(懶翁和尙) 혜근(惠勤)이 지은 불교 가요. 일명 '영주가(靈珠歌)'로도 부른다. 7언 기조 60구이며, 한문으로 되어 있다. 「백납가百衲歌」·「고루가枯髏歌」와 함께 「나옹삼가懶翁三歌」로 일컬어졌으며, 『나옹화상가송懶翁和尙歌頌』에 함께 수록되어 전한다. 후대에 불광산(佛光山) 대원암(大源庵)의 비구 법장(法藏)이 이들 세 곡을 고쳐서 『보제존자삼종가普濟尊者三種歌』로 내놓았는데, 이 때 「완주가」는 300구로 늘려졌다.

용잠(龍潛) : 천자가 아직 즉위하기 전의 시기. 음력 11월의 다른 이름. 예전에, 나라를 처음 이룩한 임금이나 종실에서 들어온 임금이 왕위에 오르기 전에 살던 집을 이르던 말.

잠주(暫住) : 일시 체재하다. 잠시 머무르다.

天子庵 牛頭梅檀香木
천자암 우두매단향목

移來雙樹問何時 細葉孫根有異姿
三島祥雲蒸玉甲 九天香露浥瓊枝
當年偸得生成妙 此地偏留造化奇
千載長爲人愛惜 摩挲宛若對珠師

쌍 향수를 옮겨 온 것이 어느 때냐고 물으면
가는 잎에 자손의 뿌리가 이채로운 모습이 있었고
삼도(三島)의 상서로운 구름에 찌는 듯한 옥갑(玉甲)
구천의 향기로운 이슬이 옥(玉) 가지를 적시었다.
그해에 생성의 미묘함을 얻고
이 땅에 잠깐 머무는 조화로움이 기이했다.
천 년을 오래도록 사람들의 애석함이 되어
매만지는 것이 완연히 주사(珠師)를 대하는 것과 같았다.

경지(瓊枝) : 옥(玉)으로 장식한 가지. 아름다운 가지. 경지옥엽(瓊枝玉葉)
경지옥엽(瓊枝玉葉) : 옥으로 된 가지와 잎이라는 뜻으로, 아주 귀한 자손을 비유적으로 이르는 말.
구천(九天) : 원래 구중천(九重天), 즉 가장 높은 하늘을 뜻하지만 여기서는 황제의 궁궐을 의미한
다. 구천과 같이 높은 곳과 궁궐이라는 중의적인 의미.
생성(生成) : 낳아 기르다. 생기다. 태어나다.
마사(摩挲) : (옷 따위를) 손으로 매만져서 구김을 펴다. 가볍게 문지르다.
완약(宛若) : 같다. 닮다. 비슷하다.
주사(珠師) : 문수사리(文殊師利).
―『명암집明庵集』卷之三.

남한기 南漢紀(1675~1748)

松廣寺 次壁上韻 贈老僧守玄
송광사 차벽상운 증노승수현

夕陽斷橋 僧孤春風
深樹鳥娛 縈烟柳罪
巖畔帶雨 花明屋隅
古貌千年 檀木眞緣
一箇舍珠 臨溪偶成
三笑此事 宜入新圖

끊어진 다리의 석양에
봄바람에 외로운 노승
숲속 새는 즐거워하고
늘어진 수양버들에 안개 끼었다.
비를 맞은 표시를 한 암반
꽃은 집 모퉁이에 피어
옛 모습 천 년은
전단향나무 참 인연이다.
하나의 염주를 들고
계곡 가까이 만나니
이 일이 삼소인가
의당 새로운 그림을 그리네.

주(註).

남한기(南漢紀, 1675~1748) : 조선 후기 장례원판결사, 오위도총부부총관 등을 역임한 문신.
본관은 의령(宜寧). 자는 국보(國寶), 호는 기옹(寄翁). 할아버지는 이조판서 남용익(南龍翼)이고,
아버지는 관찰사 남정중(南正重)이며, 어머니는 이조참판 이인환(李寅煥)의 딸이다. 저서로는『기
옹집寄翁集』이 있다.

―『기옹집寄翁集』卷之三.

퇴어자 退漁子(1684~1755)

三淸仙閣
삼청선각

水月淸兼淨 虹橋筆共奇
希音世無賞 應待我來知

물에 비친 달이 맑고 깨끗하고
홍교는 붓과 같이 기이하네
귀한 소리 세상 아는 이 없어
응당히 내가 올 줄 알고 기다리네.

주(註).
퇴어자(退漁子) : 김진상(金鎭商, 1684~1755)이다. 그는 조선 중기의 문신으로 자는 여익(汝翼) 태백(太白)이고, 호는 퇴어자이다.
김 태백 : 김진상(金鎭商, 1684~1755)으로, 본관은 광산(光山), 자는 여익(汝翼), 호는 퇴어(退漁)이다. 김만채(金萬埰)의 아들이다. 1699년(숙종 25년) 진사가 되고, 1712년(숙종 38년) 정시 무과에 병과로 급제하였다. 이후 설서(說書)·대사성·대사헌·좌참찬 등을 역임하였다. 저서로『퇴어당유고』가 있다.
홍교(虹橋) : 양끝은 처지고 가운데는 둥글고 높이 솟아서 무지개처럼 보이는 다리. 무지개다리.
희음(希音) : 희음(希音)은 들어도 들리지 않는 소리로, 오묘한 음악을 가리킨다.
─『순천옛시』, 4부, p.348.

정중기 鄭重器(1685~1757)

與道中約會松廣寺 再從弟季方自永同來會 用前韻詠一絶 示兩君
여도중약회송광사 재종제이방자영동래회 용전음영일절 시양군

偶然宗黨合三人 千里紺園若有因
翦燭談懷通夕盡 羈愁融作一堂春

우연히 종친 세 사람이 만났는데
천 리 사찰에 인연이 있는 것 같았다.
촛불을 켜고 품은 이야기하다가 밤이 다했다.
근심이 풀리니 집 안이 온통 봄이다.

주(註).

정중기(鄭重器, 1685~1757) : 조선 후기 학자. 문신. 본관은 영일(迎日). 자는 도옹(道翁), 호는 매산(梅山). 정호례(鄭好禮)의 증손으로, 할아버지는 정시심(鄭時諶)이고, 아버지는 정석달(鄭碩達)이며, 어머니는 권돈(權墩)의 딸이다. 정만양(鄭萬陽)·정규양(鄭葵陽) 형제 및 이형상(李衡祥)의 문인이다. 경사에 통달하고 전고(典故)와 예제(禮制)에 밝았다. 저서로『매산집』이 있고, 편저로는 『포은속집圃隱續集』·『가례집요家禮輯要』·『주서절요집해朱書節要集解』가 있다.

종제(從弟) : 아버지의 친형제의 아들딸 가운데 자기보다 나이가 어린 아우.

계방(季方) : 사내 아우.

영동(永同) : 충청북도 가장 남쪽에 있는 군.

우연(偶然) : 뜻하지 않게 일어난 일.

감원(紺園) : 감색의 궁전이라는 뜻으로, '절'을 달리 이르는 말.

전촉(剪燭) : 불에 탄 등불 심지를 자르는 것은 밤이 깊었음을 뜻한다. 당나라 이상은(李商隱)의 「야우기북夜雨寄北」에 "언제 함께 서창의 등불 심지 자르며, 문득 파산의 밤비 내리던 때를 얘기할 거나[何當共剪西窓燭, 卻話巴山夜雨時.]."라고 하였다. 이 시구로 인하여 전촉은 무릎을 맞대고 밤에 정담을 나눔을 뜻하는 말이 되었다.

기수(羈愁) : 객지에서 느끼는 시름.

—『매산선생문집梅山先生文集』卷之二.

신광수 申光洙(1712~1775)

贈明上人
증명상인

枕溪樓下水 枕溪樓上僧
秋來一片月 夜照溪水澄

침계루 아래 물이 흐르고
침계루 위에 스님이 있다.
가을 조각달이 떠서
한밤에 비춘 개울물이 맑네.

주(註).
신광수(申光洙, 1712~1775) : 과시의 모범이 된「관산융마」를 지었다. 궁핍과 빈곤 속에서 전국을
유람하며 민중의 애환과 풍속을 시로 절실하게 노래했다. 1746년 〈관산융마〉로 2등 급제했고,
1750년 진사에 급제했다. 이후 시골에서 손수 농사를 지으며 칩거 생활을 했다. 본관은 고령. 자는
성연(聖淵), 호는 석북(石北)·오악산인(五嶽山人). 아버지 호(澔)와 어머니 성산 이씨(星山李氏)
사이에서 장남으로 태어났다. 5세 때부터 글을 지어 사람들을 놀라게 했다. 저서인『석북집』은 시
인으로 일생을 보내면서 지은 많은 시가 실려 있다.
—『석북선생문집石北先生文集』卷之十.

취향 조언망 翠香 趙彦望(생몰미상~1725~)

松廣寺
송광사

曹溪從古得名譽 仙閣危行足踏處
壑裏秋深開錦帳 壺中地闢絶人廬
苔封墻面惟香木 日照潭心自戯魚
前輩曾經皆有詠 壁上揮灑盡瓊琚

조계(曹溪)는 예로부터 명예를 얻어
금선각(金仙閣)으로의 특별한 행을 내딛는 곳이다.
골 안은 가을 깊어 금장을 펼친 듯하고
항아리 가운데 열린 땅은 속세와는 끊어졌다.
이끼는 담장 앞의 오직 향나무만 감쌌고
해가 못 속을 비추니 자유롭게 고기가 노닌다.
선배들은 일찍이 지나면서 모두 시를 읊어 두었는데
벽에 걸린 글씨들이 모두 경거(瓊琚)하다.

주(註).

조언망(趙彦望) : 승정원일기 영조 1년 을사(1725) 10월 12일(병자) 이광좌(李光佐) 등을 처벌할 것을 청하는 전라도 생원 이만시(李萬蓍) 등이 올린 상소에 조언망(趙彦望)이 포함되어 있다.

선각(仙閣) : 전설에서, 신선이 산다는 높다란 집. 부처님을 금선(金仙)으로 불당(佛堂).

위행(危行) : 행동이 고상하여 일상의 유행이나 풍속을 좇지 않음. 시속(時俗)을 좇지 않는 고상한 행동.

족답(足踏) : 발을 내어 디딤.

금장(錦帳) : 비단으로 만든 휘장이나 장막. 화려한 비단으로 만든 방장.

호중(壺中) : 병이나 항아리의 속.

휘쇄(揮灑) : (마음 내키는 대로) 글을 쓰거나 그림을 그리다. 물에 흔들어 씻어서 깨끗이 함.

경거(瓊琚) : 경거는 아름다운 옥과 패옥(佩玉)으로, 상대방의 선물을 받고 답례를 후하게 하는 것을 뜻한다. 『시경』 위풍(衛風) 목과(木瓜)에 "나에게 모과를 던져 주니, 경거로써 보답하였네(投我 以木瓜 報之以瓊琚)."라고 하였다.

―『순천옛시』 5부, p.441.

윤기 尹愭(1741~1826)

順天松廣寺 三首
순천송광사 (삼수)

峯壑遞呀若 招提來突如
葉軒風掃疾 雲碓水舂徐
林密迷歸鳥 池淸數躍魚
老僧年幾許 吾欲問原初

봉우리와 계곡이 번갈았는데
가람에 돌연히 온 듯하다.
처마 밑 낙엽은 바람에 쓸리고
물레방아 천천히 돌아가네.
숲이 우거져 새 길을 잃고
맑은 연못에 많은 고기 노닌다.
노승은 나이가 몇일까.
나의 원초를 묻고 싶네.

寺名松廣世皆知 普照何年相此基
冷骨佛依金殿聳 觀心僧假念珠嬉
溪如蕙帶回回妙 山似蓮花疊疊奇
春日漸遲行客倦 禪房物色正宜詩

절 이름이 송광인 줄 세상이 다 안다.
보조 국사는 언제 이 터를 잡으셨는가.
맑은 불상은 대웅전에 높이 앉아 있고
마음을 관하는 산승은 염주 돌리며 희열하네
개울은 혜대같이 굽이굽이 미묘하고
산은 연꽃처럼 첩첩이 기이하네
봄 해는 점점 더디고 나그네는 피곤해
선방의 물색은 시 짓기에 적격이네

奇徵異蹟最禪家 松廣寺僧向我誇
能見難思神造器 相傳爲寶佛留牙
寸龕衆釋嗤猴棘 一浴雙鞋勝錦袈
更有國師遺舍利 爭言是日坐蓮花

기이한 징조와 이적이 선가에서 가장 많다고
송광사의 스님이 나에게 자랑을 하네.
능히 보고도 알기 어려워 신이 만든 그릇이라 하고
서로 전하여 보물이 된 부처님 어금니가 있다.
작은 감실의 여러 불상은 후극을 비웃고
하나의 욕조 두 짝의 미투리가 금란가사보다 낫다.
또 보조 국사가 남긴 사리가 있으니
오늘이 연꽃 좌대에 앉는 날이라 다투어 말하네.

주(註).
윤기(尹愭, 1741~1826) : 조선 후기 남포현감, 황산찰방 등을 역임한 문신. 학자. 본관은 파평(坡平). 자는 경부(敬夫), 호는 무명자(無名子). 아버지는 윤광보(尹光普)이며, 어머니는 원주 원씨(原州元氏)로 원일서(元一瑞)의 딸이다. 이익(李瀷)을 사사하였다. 저서로『무명자집無名子集』20권 20책이 있다.
돌여(突如) : 갑자기 닥쳐오다. 뜻밖에 나타나다. 갑자기 생기다.
운대(雲碓) : 운대(雲碓)는 본디 운모(雲母)를 찧던 물방아를 말한 것으로, 전하여 물방아를 가리킨다.
원초(原初) : 무엇이 비롯되는 맨 처음. 최초. 원래.
혜대(蕙帶) : 혜초로 만든 띠.
물색(物色) : 어떤 기준을 가지고 그에 알맞은 사람이나 물건을 찾거나 고름.
기징(奇徵) : 기이한 징조.
후극(猴棘)은 대추나무 가시 끝에 새긴 원숭이란 뜻으로 솜씨가 매우 정교함을 뜻하는 말이다.
—『무명자집시고無名子集詩稿』册三.

238

松廣寺左 有水石亭 水石甚奇 亭楣有無用大師韻 次之
송광사좌 유수석정 수석심기 정미유무용대사운 차지

定自麾山鬼 還應泣水仙
鬪霆林欲戰 噴雪石渾穿
氣撼三楹屋 寒愁五月天
塵襟能一滌 身世忽蕭然

결단코 산도깨비 휘어잡으려다가
도리어 물신선을 울게 하였네.
폭포 소리는 숲이 전쟁하는 듯하고
내뿜는 물보라는 돌을 적시고 뚫네
기세는 세 칸의 정자로
오월 하늘의 차가운 근심이라.
속된 마음 한번 씻고 나니
신세가 홀연히 쓸쓸하구나.

주(註).
진금(塵襟) : 속된 마음이나 평범한 생각.
신세(身世) : 일신상에 관련된 처지나 형편. (주로 불행한 처지의) 신세. 일생.
소연(蕭然) : 외롭고 쓸쓸하게.
―『무명자집시고無名子集詩稿』册三.

조수삼 趙秀三(1762~1849)

松廣寺
송광사

一爐香篆數甌茶 來叩終南古德家
庚夏坐禪新伴侶 丁年行脚舊生涯
遙村綠漲甜苽水 積雨紅沉癙樹花
大界炎炎方火宅 願公時爲演三車

향로에 피어오르는 전향에 여러 잔의 차
종남 고덕의 집에 와서 문을 두드린다.
경년(庚年) 여름 좌선으로 처음 도반을 맺고
정년(丁年)에 행각을 하며 생애를 깊이 했다.
멀리 마을은 푸르름의 물결로 참외가 떠내려가고
여러 날 내린 비에 붉게 잠기니 꽃과 나무 병든다.
삼천 대천세계는 뜨거워 온통 불난 집이니
원하옵건대 공은 이때를 위해 삼거(三車)를 연설하소서.

주(註).

조수삼(趙秀三, 1762~1849) : 조선 후기 「서구도올」, 「북행백절」, 「석고가」 등을 저술한 시인. 여항 시인. 본관은 한양(漢陽). 초명은 경유(景濰). 자는 지원(芝園)·자익(子翼), 호는 추재(秋齋)·경 원(經畹). 아버지는 가선대부 한성부좌윤 겸 오위도총부부총관(漢城府左尹兼五衛都摠府副摠管) 에 추증된 조원문(趙元文)이다. 여항 시인 조경렴(趙景濂)의 동생이고, 조선 말기의 화원(畫員)인 조중묵(趙重默)은 그의 손자이다. 저서로는 『추재집秋齋集』 8권 4책이 있다.

향전(香篆) : 전문(篆文) 모양으로 만든 향인데 이를 태워 시각(時刻)을 잰다. 『향보香譜』에 "향전 을 만들 적에 그 길이를 12신(辰)에 기준하여 1백 각(刻)으로 분등하는데, 타는 시간은 24시간이 다." 하였다.

첨과(甛苽) : 참외(甘苽)이다. 일명 토수과(兎首苽)라고도 하는데, 속명 참외(眞苽)라 한다.

적우(積雨) : 오랫동안 계속하여 오는 비. 연일 계속되는 비.

염염(炎炎) : (무더위가) 찌는 듯하다. (불꽃·한여름의 태양 따위가) 이글거리다.

삼거(三車) : 『법화경法華經』 「비유품譬喩品」에서 말하는 양거(羊車), 녹거(鹿車), 우거(牛車)의 세 수레.

―『추재집秋齋集』卷之五.

정약용 丁若鏞(1762~1836)

松廣寺古鉢辨
송광사고발변

客有問於余者曰 物有能見而難思者 松廣寺古鉢是也 鉢古西山大士之遺器
範以白銅者共五枚 而納丁戊於甲乙而入焉 納乙丙於甲戊而入焉 吾見僧鉢
多矣 大者居其外 次者居其次 以次層疊 彌小彌內 其甲其乙 移換不得 而
西山之鉢如此 豈非所謂靈幻怪詭不可究詰者乎
余曰然 異矣哉 雖然方五枚之相疊也 其口若何 將鉋刀之輾而平如砥乎 抑
外者差降 內者差隆而微有長弟乎
客曰微有長弟 而其差僅一黍爾
余曰然 是器之制也 將上下圓徑之無差 而形如竹筒乎 抑上闊下狹而微有
豐剡乎
客曰大有豐剡 其差幾一指爾
余曰然是器之厚也 將如牛馬之鞇乎 抑若繭紙之薄乎
客曰其厚如老蠶之繭 而調鍊至勻爾
余曰然 然則是器也 至常之物 非所謂靈幻怪詭者
客曰何哉
余曰其厚如繭 而其形上闊 使五枚之厚與其上闊 無毫髮之差 則甲乙乙甲
固能相入 而至其口 不能無一黍之差耳 其有一黍之差 以其有如繭之厚耳
何異焉 若其工則良工也
客怡然解頤曰 聞子之言 是果非靈幻怪詭者也 人所謂能見而難思者 子能
不見而思之 子其博物者也

余乃逡巡辟席而辭曰 余何能然 唯物之常存而久傳者 無所謂譎幻怪詭者
若吞刀而吐火者 是轉眄之頃 不能久也

어떤 객(客)이 나에게 묻기를,
"물건 가운데는 볼 수는 있으나 생각으로 이해하기 어려운 것이 있으니 송
광사(松廣寺)의 옛 발우(古鉢)가 그것이다. 이 발우는 옛날 서산 대사(西山
大師)가 물려준 그릇으로서 백동(白銅)으로 본떠 만든 것으로 모두 다섯 개
이다. 갑(甲)과 을(乙)에 정(丁)과 무(戊)를 넣어도 들어가고, 갑(甲)과 무
(戊)에 을(乙)과 병(丙)을 넣어도 들어간다. 내가 스님들의 발우를 많이 보았
다. 큰 것은 그 밖에 위치하고 다음 것은 그다음에 위치하여 차례로 층층이
겹쳐지면서 적어질수록 더욱 안으로 들어가는 것이 보통이다. 갑(甲)과 을
(乙)의 차례를 옮기고 바꾸려 해도 바꿀 수 없었다. 그런데 서산(西山)의 바
리때만은 이와 같으니, 어찌 이른바 신령하고 현란하며 괴이하고 업신여기
는 듯하나 깊이 추구하기 어려운 것이 아니겠습니까?" 하였다.
나는, "그렇다. 이상한 일이다. 그러나 다섯 개의 그릇이 서로 겹쳐졌을 때
그 그릇의 입이 어떠하던가? 대패의 칼날을 밀듯이 숫돌처럼 평평하던가,
밖에 것을 눌러 내릴 적에 안에 것이 조금 높거나 두 번째 것이 조금 길거나
함이 있던가?" 하니, 객이, "조금 크고 작은 차이가 있기는 하나 그 차이는
겨우 기장(黍) 한 알의 차이뿐이었습니다." 하였다.
나는, "그러면 그 그릇의 제도에 위아래의 둘레와 직경(直徑)이 차이가 없
고 형상이 죽통(竹筒)과 같던가, 누르면 위는 넓고 아래는 좁아서 조금이라
도 넉넉하거나 얇은 차이가 있던가?" 하니, 객이 말하기를 "크게 두껍고 얇
은 차이가 있어서 그 차이가 거의 손가락 하나만 합니다." 하였다.
나는, "그러면 그 그릇의 두텁기가 소나 말의 가죽과 같던가, 아니면 견지

(繭紙)처럼 얇던가?" 하자, 객이 말하기를, "그 두께는 늙은 누에가 고치 같은데 조련(調練)이 아주 균일합니다." 하였다.

내가, "그러한가. 그렇다면 이 그릇은 지극히 범상한 물건이요, 이른바 '영환괴궤(靈幻怪詭)' 한 물건이 아니겠는가?" 하니, 객이 말하기를 "무엇 때문입니까?" 하기에, 나는 "그 그릇의 두께가 고치(繭)만 하고 그 생김새는 위가 넓다 하였다. 다섯 개의 그릇 두께가 그 위의 넓이와 호발(毫髮)의 차이도 없다면, 곧 갑(甲)이 을(乙)이고, 을(乙)이 갑(甲)이다. 진실로 서로 들어갈 수 있다면, 그 그릇의 입에 이르러서는 한 알의 기장(黍)만 한 차이가 없을 수 없다. 한 알의 기장(黍)만 한 차이가 있고, 고치(繭)만 한 두터움이 있을 뿐이니, 무슨 차이가 있는가? 그것을 만든 공인(工人)은 양공(良工)이다." 하니, 객이 기뻐하며 크게 웃으면서, "그대의 말을 들으니 이 그릇은 과연 '영환괴궤(靈幻怪詭)' 한 것이 아닙니다. 사람들은 '능히 보면서도 생각하기 어렵다.라고 말합니다. 그대는 능히 보지 않고도 생각해 내니, 그대야말로 박식(博識)한 사람입니다." 하였다.

나는 머뭇거리면서 자리를 피하면서 말했다. "내가 어떻게 그럴 수 있겠는가. 오직 항상 보존하여 오래도록 전해지는 물건은 이른바 영환괴궤(靈幻怪詭)' 한 것도 없다. 그러므로 칼을 삼키고 불을 토하는 것과 같이 눈 한 번 돌리는 지경에 벌어지는 일이요, 오래갈 수는 없는 것이다." 하였다.

주(註).

정약용(丁若鏞, 1762~1836) : 정약용은 조선 후기『경세유표』,『흠흠신서』,『목민심서』등을 저술한 유학자이자 실학자이다. 1762년(영조 38년)에 태어나 1836년(헌종 2년)에 사망했다. 남인 가문 출신으로 어려서부터 성호 이익의 학문을 접하면서 개혁 사상의 세례를 받았다. 정조 재위기에는 관료로 봉사하면서 과학자로서의 면모도 보였다. 이 시기에 천주교에 관심을 가지기 시작했고 그로 인해 장기간의 유배 생활을 했다. 유배 중에 당시 사회의 피폐상을 직접 확인하면서 그에 대한 개혁안을 정리하여 정치·경제·사회·문화·사상을 포괄하는 거대한 학문적 업적을 남겼다.

궁힐(窮詰) : 끝까지 따져 묻다.

장제(長弟) : 동생 가운데 나이가 가장 위인 사람. 자기의 바로 아래 동생.

견지(繭紙) : 고려 시대, 닥나무를 원료로 하여 방망이로 두드리고 다듬어서 만든 종이.

조련(調練) : 훈련을 거듭하여 가르침.

하이(何異) : 무엇이 다른가. 무슨 차이가 있는가?

해이(解頤) : 입을 크게 벌리고 웃다. 크게 웃다. 웃어 대다. 웃음보를 터뜨리다.

준순(浚巡) : 머뭇거리다. 주저주저하다. (나아가지 못하고) 뒤로 멈칫멈칫 물러나다.

전면(轉眄) : 눈알을 굴려서 봄. 눈알을 굴리는 잠깐 사이.

―『여유당전서與猶堂全書』第十二卷.

김조연 金祖淵(생몰미상~1833~)

題水石亭
제수석정

水石名亭是 往來不遠仙
泉聲盃裡滴 運氣樹中穿
危檻臨無地 淸簫悅自天
靑衫歸去路 立馬意悠然

수석으로 이름한 정자가 이곳으로
왕래하는 신선과도 멀지 않다.
샘 소리는 잔 속의 물방울이요
기운은 숲을 뚫고 펴진다.
높은 난간에 가까운 땅이 없고
맑은 통소는 하늘을 기쁘게 한다.
청삼으로 돌아가는 길에
말을 세우니 뜻이 의연해졌다.

주(註).
김조연(金祖淵) : 순조 33년 계사(1833) 6월 12일(신해) 충주목사(忠州牧使) 김조연(金祖淵)에게
는 새서표리(璽書表裏)를 내려 주었다. —『조선왕조실록』.
헌종(憲宗) : 헌종(憲宗) 2년(1836) 6월 21일 충주목사(忠州牧使) 김조연(金祖淵)을 조금 전에 이
미 폄출(貶黜)하여 파직(罷職)하였습니다. —『충청감영계록忠淸監營啓錄』.
청삼(靑衫) : 학생복(學生服).
—『조계산송광사지曹溪山松廣寺誌』.

이형재 李亨在(1786~)

題三淸仙閣
제삼청선각

盡日看山渾忘慵 登臨羽化似仙蹤
檀香異事同遼嶼 舍利珍藏護鉢龍
太守慢情慚俗態 祖師遺戒識禪宗
聊將緣筆題詩壁 百尺危欄對石峯

종일토록 산을 구경하다 정신이 온전하지 못했으나
우화각에 오르니 신선의 경지와 같았다.
단향나무의 기이한 일은 먼 섬과 같았고
사리를 진주처럼 보관함이 발우에 용을 보호하는 듯했다.
태수의 어리석은 정은 속된 모습으로 부끄럽고
조사가 남긴 계율은 선종임을 알게 한다.
관료들이 연에 따라 쓴 시가 벽에 걸려 있으나
백척간두의 위태로움으로 석봉을 대하는 듯하다.

주(註).
장흥쉬(長興倅) : 장흥부사(長興府使).
이형재(李亨在, 1786~?) : 본관은 전주, 자는 원예(元禮) 호는 관옹(觀翁)이다. 헌종 5년 기해 (1839) 2월 27일(계사) 이형재(李亨在)를 전라좌도 수군절도사(全羅左道水軍節度使)로 삼았다.
―『조계산송광사지曹溪山松廣寺誌』.

양진영 梁進永(1788~1860)

松廣寺
송광사

百里誰云遠 控驢到此間
逢僧非俗客 訪寺必名山
鏡面高樓起 雲端暮磬還
自慚塵裏跡 何事未曾閒

백 리를 누가 멀다고 했는가.
나귀를 이끌고 이곳에 이르니
만난 스님은 속객이 아니고
절을 찾으니 참으로 명산이다.
거울 앞에 높은 누각이 서 있고
구름 속에 저녁 석경 소리 들려온다.
티끌 속 자취를 부끄러워하는데
어쩐 일로 일찍이 한가롭지 못하는가.

주(註).
양진영(梁進永, 1788~1860) : 조선 후기 학자. 본관은 제주(濟州). 자는 경원(景遠), 호는 만희(晩
羲). 능주(綾州) 출생. 아버지는 양윤주(梁潤周)이며, 어머니는 진주 김씨(晋州金氏)로 김시향(金
時香)의 딸이다. 아버지로부터 학문을 배웠다. 저서로는 『만희집晩羲集』이 있고, 편서로는 『경학
지經學志』가 있다.
운단(雲端) : 구름 속.
속객(俗客) : 속세에서 온 손님.
―『만희집晩羲集』卷之二.

허강 許鋼(생몰미상~1795~)

松廣寺
송광사

重踏西蜂訪舊捿 寒鐘隱隱渡淸溪
居僧夜與白雲宿 行客秋尋紅葉題
慧月當空三界靜 蓮花湧塔四山低
仙庄一會眞奇絶 只恨歸筇竟未齊

거듭 서봉을 지나 옛날 살던 곳을 찾으니
낮은 종소리 은은하게 맑은 개울을 건넌다.
머무는 스님은 밤이면 백운과 함께 잠을 자는데
나그네는 가을 단풍을 찾아 시를 짓는다.
혜월이 허공에 뜨니 삼계가 고요하고
연꽃이 탑처럼 솟으니 생로병사가 저 아래이다.
그대의 집에서 한 번 만나니 참으로 기절하겠는데
다만 지팡이 짚고 돌아가는 길을 끝내 함께하지 못함이 한스럽네

주(註).

정조 19년 을묘(1795) 6월 18일(정유) 문관, 음관, 무관으로서 반열에 참석한 신하들은 다음과 같다. 이득현(李得賢)·서임보(徐任輔)·허강(許鋼)·정빈(鄭贇)·이기채(李箕采)·우승모(禹升謨)·윤광정(尹光鼎)……

방구(訪舊) : 옛 친구나 전에 살던 곳을 방문하다.

삼계(三界) : 욕계(慾界), 색계(色界), 무색계(無色界)로 말한다.

당공(當空) : 하늘. 하늘에 걸려 있다.

사산(四山) : 사산은 생로병사를 비유한 것이다.

선장(仙莊) : 상대방의 집을 높여 부른 것이다.

기절(奇絶) : 기절하다. 극히 기이하다.

─『순천옛시』, 4부, p.261.

홍한주 洪翰周(1798~1868)

入松廣寺
입송광사

滿山栗葉擁諸天 古殿深深不記年
洞裡起樓跨絶壑 巖間引筧瀉幽泉
鑄銅謾說鷄林世 卓錫猶傳普照禪
更有老僧同我齒 空門異蹟話泠然

온 산이 밤나무 잎으로 하늘을 가리고
오래된 많은 전각은 세월을 기록하지 않았네.
계곡에 전각을 세우고 절벽에 걸터앉아
바위 사이에 대 홈통으로 이끈 그윽한 샘이 넘친다.
동전을 주조하고 부질없이 말하는 계림의 세계에
석장을 세우고 오히려 보조의 선을 전한다.
노스님이 있는데 나와 나이가 같고
공문 이적의 이야기가 맑게 흐른다.

주(註).
홍한주(洪翰周, 1798~1868) : 자는 헌경(憲卿) 호(號)는 해사(海士), 해옹(海翁), 운당(芸堂), 쌍송만사(雙松漫士), 서유영(徐有英), 송주헌(宋柱獻) 등과 교유하였다.
절학(絶壑) : 깎아 세운 듯이 아스라한 골짜기.
계림(鷄林) : 신라 탈해왕 때부터 한동안 부르던 '신라'의 다른 이름.
탁석(卓錫) : 석장(錫杖)을 세운다는 뜻으로, 돌아다니던 승려가 한 절에 오래 머무름을 이르는 말.
냉연(泠然) : 졸졸. 맑고 시원한 모양. 소리가 깨끗한 모양.

其二
環如拱揖儼羣峰 眞樂臺前碧萬重
但使根塵清大界 莫將因果說南宗
葳蕤澗草侵山屐 汨漱巖泉答寺鍾
夢想名藍曾幾歲 不堪歸興與詩濃

둥글게 공손히 읍을 하는 것같이 많은 봉우리가 준엄하고
진락대(眞樂臺) 앞은 푸르름으로 만 겹이다.
다만 근진(根塵)을 부려 삼천 대천세계를 청정하게 하니
장차 인과(因果)로 남종선을 말하지 마라.
우거진 숲 개울가 풀에 나막신 신고서 산에 오르니
바위샘 흘러넘치는 소리에 절 종소리로 답을 하네.
꿈속에 유명한 절 생각하기를 일찍이 몇 해였던가.
돌아갈 생각 일어 시(詩)가 짙어짐을 감당하지 못하겠네.

주(註).
공읍(拱揖) : 두 손을 마주 잡고 인사함.
엄(儼) : 엄연(儼然)하다.
진락대(眞樂臺) : 보조 국사 지눌이 정혜결사를 위해 터를 잡을 때 모후산에서 나무로 깎은 솔개(鴟)를 날려 보냈더니 지금의 송광사 국사전 뒷등에 앉았다. 그래서 그 뒷등을 치락대(鴟落臺, 솔개가 내려앉은 대)라 불렀는데 후에 원감 국사(圓鑑國師) 충지(沖止)가 진락대라고 했다 한다.
근진(根塵) : 감각 작용인 육근과 감각 대상인 육진을 아울러 이르는 말. 육근(六根), 육진(六塵).
대계(大界) : 삼천 대천세계(三千大千世界).
위유(葳蕤) : 나무가 우거지다. 초목이 무성하다.
몽상(夢想) : 실현 가능성이 없는 헛된 생각을 함.
명람(名藍) : 이름난 사찰. 명찰(名刹). 이름난 가람(伽藍)

自松廣寺出山 途中口號
자송광사출산 도중구호

遊宦眞迂拙 歸田亦是非
詩書餘日在 朱墨素心違
野濶靑山逈 江平白鳥稀
有如寬世界 無處可忘機

벼슬을 한다는 것은 참으로 어리석은 일이며
전원으로 돌아가는 것 또한 군더더기다.
시서화는 남은 날이 있고
붉은 먹은 평소 마음과 다르다.
들판은 광활하고 청산은 멀고
강은 평화롭고 백조는 희귀하다.
드넓은 세계가 있는 것 같아
머무는 곳 없이 기심을 잊었네.

주(註).
유관(遊官) : 타향에서 벼슬을 하다. 출사(出仕)하다.
우졸(迂拙) : 어리석고 막히다. 암둔하다.
귀전(歸田) : 벼슬을 그만두고 고향이나 전원으로 돌아가 농사를 지음.
시비(是非) : 옳으니 그르니 하는 말다툼.
주묵(朱墨) : 붉은 빛깔의 먹.
소심(素心) : 평소의 마음이나 생각. 소박한 마음.
망기(忘機) : 자기 이해타산을 따지거나 남을 해치려는 마음을 품지 않다. 담박하고 수수하다.
기심(機心) : 기만하여 획책하는 마음. 기회를 보고 움직이는 마음.
—『해옹시고海翁詩藁』卷六.

조병헌 趙秉憲(1800~1842)

題松廣寺
제송광사

主釋披雲還 誇張四面山
溪鳴高閣道 花爛別堂顏
佛像黃金富 禪心白日閒
莫言塵世界 眞樂在斯間

주지 스님과 구름 헤치고 돌아보니
과장해서 사면이 산이다.
개울 소리 크고 전각은 이어져
별당 앞에는 꽃이 만발하였다.
불상은 황금빛이 풍부하고
참선하는 이는 한낮에도 한가롭다.
세상의 일 말하지 마라
진락(眞樂)이 이 가운데에 있다.

주(註).

조병헌(趙秉憲, 1800~1842) : 조선 후기 이조참의, 강원도관찰사, 호조판서 등을 역임한 문신. 본관은 풍양(豊壤). 자는 윤문(允文), 호는 금주(錦洲). 조정(趙最)의 증손으로, 할아버지는 조진택(趙鎭宅)이고, 아버지는 이조판서 조종영(趙鍾永)이며, 어머니는 서유병(徐有秉)의 딸이다.

각도(閣道) : 고가 복도(高架複道) 또는 복도(複道)나 잔도(棧道)라고도 한다. 건물과 건물 사이에 비나 눈이 맞지 아니하도록 지붕을 씌워 만든 통로나 험한 벼랑 같은 곳에 낸 길을 말한다.

화난(花爛) : 백화난만(百花爛漫), 온갖 꽃이 활짝 피어 아름답게 흐드러진 상태를 이르는 말.

선심(禪心) : 선정 상태의 마음.

진세계(塵世界) : 사바세계(沙婆世界), 인토(忍土), 인계(忍界), 감인토(堪忍土)이며, 곧 남염부제(南閻浮提), 남섬부주(南贍部洲)를 말한다. 석가세존(釋迦世尊)의 교화권(敎化圈)에 속한 이 남염부제(南閻浮提)의 중생은, 번뇌의 괴로움을 견디고 참지 않으면 살아갈 수 없으며, 수행자 또한 괴로움을 견디고 참으면서 닦아야 하므로, 이 세계를 감인(堪忍)이라고 하였다.

—『순천옛시』, 5부, p.452.

장지완 張之琬(1806~1858)

松廣寺 順天
송광사 순천

贏驂倦夕陽 津吏遲余渡
松影拂筍輿 上方迷歸路
法宇彌洞壑 廊廡交相互
愚民胥奔走 叩拜金身塑
國家興文教 何嘗異端誤
恭惟聖朝意 包納及荒汚
深恐畸孼子 漏網憐暴露
春官講小乘 丁錢依牒度
所以依陬澨 魑魅禦狐兎
詎知末流大 逋逃山中聚
良家四千丁 版圖失租賦
況耗田中粟 敝我機上布
縱非萑蒲憂 忍使彝倫斁
去太人其人 庶復祖宗故

말도 여위고 지친 석양에
나룻배가 천천히 나를 건너 주었다.
소나무 그늘에 가마를 내려놓으니
위로는 더 갈 길이 없다.

법당과 당우가 골 가득하고
회랑은 서로 교차하였다.
어리석은 백성은 모두 분주히
부처님께 머리 숙여 예배하였다.
국가를 흥하게 하는 것은 글을 가르치는 것인데
어찌 이단의 잘못과 함께하겠는가.
오직 성조의 뜻을 공경하여
안아 받아들임이 거칠고 더러움에 미쳤다.
얼자는 우수리를 걱정하고
법망은 폭로를 어여삐 여긴다.
춘관은 소승을 강의하고
세금은 도첩에 의지하니
까닭에 산과 바다의 기슭을 의지해
도깨비로 여우와 토끼를 막고
운세가 기울어 가는 것을 어떻게 알아
도둑들이 산중으로 모이었다.
좋은 집안이 사천으로
조세의 판도를 없앴다.
하물며 모전 가운데 곡식이나
우리에게 주어진 상포도 폐하였다.
비록 도둑이라는 근심이 아니더라도
인륜이 무너지는 것도 참아 내야 했다.
태인(太人)과 그 사람이 가도
조종을 여러 번 회복시킨 까닭이다.

주(註).

장지완(張之琬, 1806~1858) : 조선 후기 학자. 본관은 인동(仁同). 자는 옥산(玉山), 호는 침우당(枕雨堂). 아버지는 장덕주(張德冑)이며, 어머니는 전주 이씨(全州李氏)로 상호군 이정우(李征遇)의 딸이다. 처음에는 아버지로부터 글을 배웠으나 뒤에 이학서(李鶴棲)의 문인이 되었다. 저서로 『침우당집枕雨堂集』 6권이 있다.

석양(夕陽) : 해가 질 무렵의 해.

진리(津吏) : 지방 관리 중 하나. 향리(鄕吏)・진리(津吏)・역리(驛吏).

순여(筍輿) : 대로 엮어 만든 가마.

법우(法宇) : 절. 사원.

랑무(廊廡) : 정전 아래에 동서로 붙여 지은 건물. 회랑.

우민(愚民) : 일반 대중. 어리석은 백성.

이단(異端) : 정통의 가르침에 어긋나는 교의나 교파를 적대하여 이르는 말.

성조(聖朝) : 훌륭한 임금이 다스리는 조정.

얼자(孽子) : 서자.

누망(漏網) : (고기가) 그물에서 벗어나다. 법망을 벗어나다. 벌을 피하다.

폭로(暴露) : 알려지지 않은 나쁜 일이나 음모 따위가 널리 알려져 드러남. 드러내다.

춘관(春官) : 조선 시대, 육조의 하나. 옛날 봄맞이 때 흙으로 만든 소를 때리던 관리.

정전(丁錢) : 조선 시대, 장정이 군역 대신에 바치던 돈.

도첩(度牒) : 옛날, 관청에서 승려에게 부여한 출가(出家) 증명서.

이매(魑魅) : 산이나 내에 살면서 사람을 홀려 해친다는 도깨비. 도개비.

추서(陬澨) : 사추해서(山陬海澨). 멀고 외진곳.

호토(狐兎) : 여우와 토끼.

말유(末流) : 기울어져 가는 혈통의 끝.

포도(逋逃) : 죄를 저지르고 도망감. 도망자.

양가(良家) : 사회적 신분이나 지위가 있는 좋은 집안.

판도(版圖) : 어떤 세력이 미치는 영역이나 범위.

조부(租賦) : 필요한 경비로 사용하기 위하여 국가나 지방 공공 단체가 국민이나 주민으로부터 강제로 거두어들이는 금전. 조세.

모곡(耗穀) : 각 고을 창고(倉庫)에 저장한 양곡(糧穀)을 봄에 백성에게 대여(貸與)했다가 추수(秋收)후 받아들일 때, 말[斗]이 축나거나 창고에서의 손실을 보충하기 위하여 10분의 1을 첨가하여 받는 곡식.

이륜(彝倫) : (「彝」는 常, 「倫」은 道의 뜻) 사람으로서 당연히 지켜야 할 도리.

상포(上布) : 상품(上品) 삼베.

추포(萑蒲) : 본래는 억새풀이 무성한 못을 뜻하나, 도적들이 모여 살게 되면서 도적의 소굴 또는 도적을 뜻하는 말로 사용되었음.

—『침우당집枕雨堂集』卷二.

민주현 閔胄顯(1808~1882)

松廣寺 次芝峯韻
송광사 차지봉운

朔風欲釀雪 物外且閒行
澄潭開六鑑 高閣近三淸
谷禽傳冷話 牕竹送踈聲
多少山中景 將言已忘情

삭풍에 눈이 내리려 하는데
물 밖은 여전히 한가롭다.
맑고 깊음은 육감을 열고
높은 누각은 삼청에 가깝다.
계곡 새들의 지저귐은 차고
창밖 대나무는 성근 소리를 낸다.
많고 작은 산 가운데 풍광을
말을 하려고 해도 이미 정을 잊었다 하네.

松廣寺臨鏡堂 次李芝峯韻
송광사임경당 차이지봉운

曹溪一方地 樓榭影重重
却對三淸景 堪輕萬戶封
潭澄臨若鏡 峯碧廣惟松
要識幽閒趣 上房夜半鍾

조계는 한 방위의 땅에
전각과 누각이 중중하고
도리어 삼청각 정취에
만 호에 봉해짐보다 낫다.
맑고 깊음은 거울을 대하는 것 같고
봉우리 광활한 푸르름은 오직 소나무이다.
그윽이 한가로움 정취를 알고자 하거든.
밤 깊은 상방의 종소리를 들어라.

주(註).

민주현(閔胄顯, 1808~1882) : 조선 후기 동지춘추관사, 병조참판, 좌승지 등을 역임한 문신. 학자. 본관은 여흥(驪興). 자는 치교(穉敎), 호는 사애(沙厓). 참판 민백의(閔百僿)의 아들이며, 어머니는 울산 김씨(蔚山金氏)로 승지 김상동(金相東)의 손녀이다. 저서로 『사애문집沙厓文集』 6권이 전한다.

육감(六鑑) : 색(色), 성(聲), 향(香), 미(味), 촉(觸), 법(法).

삼청(三淸) : 하늘, 땅, 인간. 시주자, 시주하는 물건, 시주를 받는 이.

냉화(冷話) : 얄미울 만큼 쌀쌀맞고 인정 없이 말함.

망정(忘情) : 감정을 억제할 수 없다. 정을 버리다. 감정이 북받치다.

일방(一方) : 어느 한쪽이나 방향

일방지(一方地) : 옛날, 둥베이(東北) 지방의 토지 면적 계산 단위.

루사(樓榭) : 고루(高樓). 높은 누각.

상방(上房) : 예전에, 관아의 우두머리가 거처하는 방을 이르던 말. 원채.

— 『사애선생문집沙厓先生文集』 卷之一.

신석희 申錫禧(1808~1873)

天子庵生香樹 一雙
천자암생향수 일쌍

(一)
金地莊嚴鏡作臺 如何大士不西來
曾聞栢樹今猶在 難道曇花尙未開
圓覺先天生長葉 須彌浩慟異同苔
祼眞幻跡那由識 見局詩人入海盃

금나라 땅을 장엄하고 거울의 대를 만들었는데
어떻게 대사가 서쪽에서 온 것이 아니리오.
일찍이 백수는 지금도 있다고 들었는데
우담발화가 아직도 피지 않았다고 말하기 어렵다.
원각경 영험은 생장하는 잎이고
수미산의 호겁은 다르면서도 같은 이끼이다.
참다움은 헛된 자취로 알 수 있는 것이 아니니
편견과 판단을 시인의 술잔에 따라 버려라.

天子庵生香樹 一雙
천자암생향수 일쌍

(二)
傳說迷茫不可從 祇今爲疑兩枝笻
身高百尺元非樹 手種十圍倘是松
卓處飛來泉畎鶴 擲來影作水中龍
風條露葉婆裟界 現在因緣過去迹

아득한 전설로 쫓지 못하지만
오늘에도 의심하는 두 지팡이
몸의 높이가 백 척인 원래의 나무가 아니었고
손으로 심을 수 있는 작은 소나무 정도일 것이다.
높은 곳에서 날아온 학은 샘 물결 일게 하고
던져 놓은 그림자는 물 가운데 용이 된다.
가지에 바람 불고 잎에 이슬 맺은 사바세계
현재의 인연은 과거의 행적이다.

飮松廣寺三日泉
음송광사삼일천

無窮山下泉 普供山中侶
各持一瓢來 摠得全月去

다함이 없는 산 아래 샘은
널리 산중의 벗들에게 공양하는데
각자 지니고 온 한 표주박에
모두가 온전한 달을 얻어 간다.

주(註).

신석희(申錫禧, 1808~1873) : 조선 후기 도총관, 예조판서, 한성부판윤 등을 역임한 문신. 본관은 평산(平山). 자는 사수(士綏), 호는 위사(韋史). 신소(申韶)의 증손으로, 할아버지는 신광손(申光遜)이고, 아버지는 교리 신재업(申在業)이며, 어머니는 좌참찬 김이탁(金履度)의 딸이다. 신재정(申在正)에게 입양되었다. 1848년(헌종 14년) 5월 증광 문과에 병과로 급제하였다. 1849년(철종 즉위년) 11월 오정수(吳正秀)·박규수(朴珪壽) 등과 함께 홍문록(弘文錄)에 올랐으며, 이후 황해도암행어사·규장각직각·도청응교(都廳應敎) 등을 역임하였고, 1854년에는 순천부사로서 수재 피해 수습에 진력하기도 하였다.

『원각경』의 선천(先天) : 부휴 선사가 무주 구천동에서 『圓覺經』을 외우고 있을 때 큰 뱀이 나타나서 계단 아래에 누웠다. 『圓覺經』을 다 외운 다음 뱀에게 가서 한 발로 그 꼬리를 밟자 뱀이 머리를 들고 물러났다. 그날 밤 꿈에 한 노인이 절하고는 "화상의 설법의 힘을 입사와 이미 고신(苦身)을 여의었습니다."라고 하였다.

호겁(浩㤼) : 호겁(浩劫)은 끝이 없다. 『화엄경』에 이르기를, "나는 헤아릴 수 없고 가없는 겁에서 큰 보리심을 일으켰다."고 하였다.

난도(難道) : 말하기 어렵다. 설마 ……하겠는가?.

생장(生長) : 생물이 나서 자람.

해배(海盃) : 큰 술잔을 일러 해배(海杯)라 칭하는 것을 두고 한 말이다.

미망(迷茫) : 묘망(渺茫)하다. (표정이) 멍하다. 망망하다. 정신이 아득하다.

—『순천옛시』, 5부, p. 437, 『조계산송광사지曹溪山松廣寺誌』, 『순천옛시』, 5부, p. 438.

이유원 李裕元(1814~1888)

松廣寺
송광사

仙庵何處是 松廣放光毫
鉢屨兮神杖 百年付後曺

선암은 어느 곳인가?
송광은 백호 광명을 놓는다.
발우 신발과 주장자는
백 년 후대에게 부촉했다.

주(註).
이유원(李裕元, 1814~1888) : 조선 후기 함경도관찰사, 좌의정, 영의정 등을 역임한 문신. 본관은
경주(慶州). 자는 경춘(京春), 호는 귤산(橘山)・묵농(默農). 이조판서 이계조(李啓朝)의 아들이
다. 저서로『임하필기林下筆記』・『가오고략嘉梧藁略』・『귤산문고』를 남겼으며, 예서에 능하였다.
『군방보群芳譜』: 명대(明代)에 왕상진(王象晉)이 편찬한 책인데, 본래의 서명은『이여당군방보二
如堂群芳譜』로 모두 30권이다. 갖가지 곡물(穀物)・소과(蔬菓)・화훼(花卉) 등의 종류, 재배법, 효
능 등을 설명한 책이다. 청(淸)나라 강희(康熙) 연간에 왕호(汪顥) 등이 왕명을 받아 이를 증보한
『광군방보廣群芳譜』100권을 편찬하였다.
 ―『임하필기林下筆記』卷之二十六.

松廣寺異樹
송광사이수

順天府松廣寺前 有一枯木 不知幾百年物
然枝幹色白如銀 嗅甚香烈 或曰白檀
天章庵有樹 名曰北向樹 其花紫色 開必向北 壯健者搖之 乍動而已 小兒輩
撼焉 亦如之 皆余巡部時所見者也
仙巖寺亦有佛杖樹云 未知羣芳譜中亦載此異種耶

순천부(順天府)의 송광사 앞에 고목(枯木) 하나가 있는데, 몇백 년이 된 것
인지는 알 수 없다. 가지와 줄기의 색깔이 마치 은처럼 하얗다. 냄새를 맡아
보면 향기가 매우 강렬하여 혹은 백단(白檀)이라고 말한다.
천장암(天章庵)에도 나무가 있는데, 북향수(北向樹)라고 한다. 그 꽃이 자
색(紫色)으로 필 때에는 반드시 북쪽을 향하여 핀다. 기운 센 자가 이 나무
를 흔들어도 잠시 흔들릴 뿐이고 어린애들이 흔들어도 그와 같다. 이는 모
두 내가 관내를 순시할 때 본 것들이다.
선암사(仙巖寺)에도 불장(佛杖)이라는 나무가 있다고들 말하나, 군방보(群
芳譜) 가운데에 또한 이러한 특이한 품종이 실려 있는지 알지 못하겠다.

松廣寺佛器
송광사불기

松廣寺有金鉢五合 無大小相合 又有棕櫚 髮鞋 佛牙
天安廣德寺亦有佛牙及古鏡 鏡是前後受照者也
永平白雲寺有木鉢 如松廣之製

송광사에 금 발우(金鉢) 5합(合)이 있는데, 대소를 막론하고 아귀가 서로 딱
들어맞는다. 또 종려(棕櫚), 발혜(髮鞋), 불아(佛牙)가 있다.
천안(天安)의 광덕사(廣德寺)에도 불아와 고경(古鏡)이 있는데, 고경은 앞
뒤로 모두 물건을 비추는 것이다.
영평(永平)의 백운사(白雲寺)에 나무 발우(木鉢)가 있는데, 생김새는 송광
사의 것과 똑같다.

강진규 姜晉奎(1817~1891)

宿松廣寺
숙송광사

曹溪山下訪禪居 去國孤臣萬死餘
底事滄洲杞菊老 上籃呼燭作劉書

조계산 아래 참선을 찾아 머문다.
버림받은 외로운 신하로 만 번 죽어 마땅하다.
이런저런 일로 창주의 구기자와 국화는 늙었으나
최상의 가람에 촛불 켜고 글을 썼다 지운다.

주(註).
강진규(姜晉奎, 1817~1891) : 조선 후기『역암문집』을 저술한 학자. 본관은 진주(晉州). 자는 진오
(晉五), 호는 역암(櫟庵). 경상북도 봉화 출생. 아버지는 강필응(姜必應)이다. 이황(李滉)을 사숙
하였다. 1881년「영남만인소嶺南萬人疏」를 지어 사학(邪學)을 이 땅에서 몰아내야 한다고 주장하
고, 영남 유생들에게 통문을 보내 연합 전선을 펴면서 개화 정책을 반대하다가 이만손(李晚孫)과
함께 유배되었다. 저서로는『역암문집櫟庵文集』12권이 있다.
만사여생(萬死餘生) : 틀림없이 죽을 일을 면하여 살게 된 목숨.
고신거국(孤臣去國) : 임금의 신임이나 사랑을 받지 못하는 신하가 서울을 떠남.
거국(去國) : 조국을 떠나다. 고향을 떠나다. 도시를 떠나다.
─『역암문집櫟庵文集』卷之三.

조성가 趙性家(1824~1904)

松廣寺
송광사

俄過仙巖說壯麗 及看松廣又加之
靈區北據昇平縣 慧眼西來普照師
朽木遊鯈依舊在 雙牙五鉢至今疑
沉吟散步三淸閣 隔樹諸禽和我詩

급히 선암사를 지나는데 장엄하고 화려했는데
송광사를 방문함에 이르러서는 이보다 더했다.
신령한 구역으로 승평현의 북쪽이며
보조 국사 혜안으로 서쪽으로 오셨다.
썩은 나무 아래 노니는 피라미는 옛날 그대로이고
두 개의 상아와 다섯의 발우는 지금도 의심스럽다
홀로 읊조리면서 삼청각 산책을 하는데
나무 틈 모든 새들이 나의 시에 화답한다.

주(註).

조성가(趙性家, 1824~1904) : 본관은 함안(咸安). 자는 직교(直敎), 호는 월고(月皐). 경상남도 진주 출신. 아버지는 동몽교관에 증직된 조광식(趙匡植)이며, 어머니는 김해 김씨(金海金氏)로 김석신(金錫信)의 딸이다. 기정진(奇正鎭)의 문인이다. 시와 문장이 뛰어났다. 장성의 고산서원(高山書院)에 배향되었으며, 저서로는 『월고문집月皐文集』20권 10책이 있다.

영구(靈區) : 신비한 구역.

후목(朽木) : 썩은 나무. 쓸모없는 사람.

침음(沉吟) : (시구나 문장을) 읊조리다. (중얼거리며) 망설이다.

—『월고선생문집月皐先生文集』卷之一.

松廣寺 與諸賢共賦
송광사 여제현공부

吾衰非復遠遊秋 麥熟離家見火流
蕙帶芝襟圓客座 泉聲嶽色供禪樓
山開普照千年眼 寺在曹溪九曲頭
三十年餘重到此 玆遊奇絶冠前遊

내가 늙어 회복하지 못해 멀리 가을 구경에
집을 떠나면서 보리가 익고 화류성를 보았다.
혜대(蕙帶)와 지금(芝襟)의 객들이 둥글게 앉았고
샘물 소리는 바위의 모습과 선누(禪樓)에 함께했다.
산은 보조 국사가 천 년의 눈으로 연 것으로
절은 조계의 구곡 첫머리에 있다.
삼십여 년 만에 거듭 이곳에 이르니
이번 노니는 기이한 절경은 전에 노닐던 것보다 으뜸일세.

주(註).
화유성(火流星) : 화구(火球). 둥근 모양의 불덩어리. 특히 밝고 커다란 유성.
객좌(客座) : 손님이 앉는 자리.
—『월고선생문집月皐先生文集』卷之四.

오횡묵 吳宖默(1834~1906)

順天酉谷 訪朴判官禎植 昨往松廣寺 因不遇有吟
순천유곡 방박판관정식 작왕송광사 인불우유음

天涯孤宦訪君家 雲樹蒼蒼晚照斜
妙相今朝松廣寺 應看百鳥自含花

천애에 외로운 관리인 그대를 찾으니
그리운 마음 창창한데 저문 해가 기운다.
오늘 아침 송광사의 미묘한 모습인
온갖 새들과 머금은 꽃들을 응당 볼 것이네.

주(註).
오횡묵(吳宖默, 1834~1906) : 조선 후기 공상소감동, 지도군수, 여수군수 등을 역임한 문신. 학자.
본관은 해주(海州). 자는 성규(聖圭), 호는 채원(茝園). 19세기 말 정선군수·자인현감·함안군수
·고성부사·공상소감동(工桑所監董)·지도군수(智島郡守)·여수군수 등을 두루 거쳤다. 주요 저
서로는 『채원집茝園集』·『정선총쇄록旌善叢鎖錄』·『자인총쇄록慈仁叢鎖錄』·『함안총쇄록咸安叢
鎖錄』·『고성총쇄록固城叢鎖錄』·『지도총쇄록智島叢鎖錄』·『여재찰요輿載撮要』등이 있다.
박정식(朴禎植) : 고종 22년 을유(1885) 3월 24일(계해) 박정식(朴禎植)을 훈련원 판관으로.
운수지회(雲樹之會) : 친구를 그리워하는 생각
―『총쇄록叢鎖錄』冊十.

김윤식 金允植(1835~1922)

松廣寺
송광사

海東三寶刹 松廣獨擅奇
(通度海印及松廣爲三寶刹)
二祖鉢衣地 (懶翁住是寺 以衣鉢付無學)
四疊茶香詩
(高麗僧冲鑑 初以南省亞元 脫身住松廣修眞 崔怡遺茶香及詩 師卽和之曰
瘦鶴靜翹松頂月 閒雲輕逐嶺頭風 箇中面目同千里 何更新飜語一通 卒不
答書)
風流雖云邈 典型良在玆
山僧慣迎客 筍與勤相隨
方丈三千間 鈴鐸無歇時
金剛片石堅
(寺中古蹟 有淨光如來牙齒)
達摩隻履遺
(又有棕櫚毛織成履苴 古傳新浴後立此上 水痕便乾)
天龍護淨居 金革獨不知
(丁酉免於兵燹)
稽首問迷津 儼然十六師
(寺中有普照以下十六國師畵像)

해동의 삼보찰로 송광사는 유독 기이하다.

(통도사(通度寺)·해인사(海印寺)·송광사(松廣寺)가 삼보사찰(三寶寺刹)이 된다.)

두 조사(祖師)가 의발을 남긴 곳이다.

(나옹(懶翁)이 이 절에서 주석(住錫)하였고 의발을 무학(無學)에게 부촉했다.)

사 첩의 다향시를 지었다.

(고려(高麗) 승 충활(冲豁)이 처음 남성(南省)의 아원(亞元)이었으나 출가하여 송광사에 불도를 닦았다. 최이(崔怡)가 차(茶)와 향(香)과 시를 보내왔다. 충활 선사가 곧장 화답하기를 "여윈 학 소나무 끝 달과 함께 깃들고, 한가한 구름 고갯마루 바람을 가볍게 따르네. 개중에 본래면목은 천 리라도 한가지인데, 무엇 하러 다시금 말을 적어 통하려 할 거나."라고 하면서 끝내 답서하지 않았다.)

풍류는 비록 아득하지만, 전형적인 어짊은 여기에 있다.

산승은 익숙하게 객을 맞이하나 가마는 부지런히 뒤를 따른다. 승방은 삼천 칸이나 되고 풍경 소리 그칠 때 없다.

금강석 한 조각은 견고하고

(절에는 고적(古蹟)의 정광여래(淨光如來)의 치아가 있다.)

달마의 신발 한 짝도 남아 있다.

(또 종려나무 털로 짠 신발 밑창이 있는데, 옛날부터 전하기를 막 목욕을 마치고서 그 위에 서면 물 흔적이 곧 마른다고 한다.)

천룡이 절을 보호하여 전란이 있어도 유독 알지 못하여

(정유년 병화를 면했다.)

머리 숙여 미진을 물은 열여섯 국사 엄연하다.

(절 안에 보조(普照) 이하 열여섯 국사(國師)의 화상이 있다.)

주(註).

김윤식(金允植, 1835~1922) : 조선 말기의 학자·정치가. 자는 순경(洵卿)이고, 호는 운양(雲養)이다. 온건 개화파로 갑오개혁 이후 외무대신을 지냈으며, 김가진과 함께 흥사단을 조직하였다. 저서에 『운양집雲養集』, 『음청사陰晴史』 따위가 있다.

독단(獨擅) : 혼자서 마음대로 일을 처리함.

사첩(四疊) : 세존께서는 승가지(僧伽胝:僧伽梨)를 네 번 접어서 머리에 베고 오른쪽 옆구리를 땅에 대고 누워 두 발을 포갠 뒤―.

신번(新飜) : '시조(時調)'를 달리 이르는 말.

전형(典型) : 같은 부류 안에서 가장 일반적이고 본질적인 특성. 전형 (적이다).

순여(筍輿) : 대로 엮어 만든 가마.

리저(履苴) : 신발 밑창.

종려(棕櫚) : 종려나무. 야자과에 속한 상록 교목.

금혁(金革) : 무기와 갑옷. 전쟁.

―『운양집雲養集』卷之一.

三淸樓 在松廣寺
삼청루 재송광사

嘗聞曹溪山 舊有卓錫泉

甘滑贍大衆 不求種玉田

偶來搜奇勝 山爾泉亦然

(此山亦名曹溪)

憑欄酌淸流 海瘴一洗湔

密陰覆碧淙 從容鱠餘鮮

(古傳普照師初占松廣時 爲賊黨所據 賊黨見師狎侮之 以魚膾食之 普照受
而不辭 已而吐出生魚數百 洋洋而去 賊黨驚服而散 至今三淸樓下水多遊
魚 三淸遊魚 亦寺中之古蹟也)

白檀無生死 深得佛性全

(庭有枯木 不知歷幾歲 枝榦皆完 色白有香 或者疑爲白檀云)

披雲休萬事 長懷牧隱先

(牧隱先生詩云披雲一上枕溪樓 便欲人間萬事休)

일찍이 듣자 하니 중국 조계산에는 오래된 탁석천이 있다 한다.

달고 매끄러운 맛으로 대중들에게 마시게 하니

옥전 일구기를 구하지 않았다.

우연히 와서 기이하고 수승한 경치를 찾았으니

산이 그러하고 샘 또한 그러하다.

(이 산 또한 이름이 조계(曹溪)이다.)

난간을 의지해 맑게 흐르는 물을 떠 마시니

해장(海瘴)이 한 번에 씻겼다.

빽빽한 녹음은 푸른 물소리가 뒤덮고

회치고 남은 물고기 조용히 헤엄친다.

(옛부터 전하기를, 보조 국사(普照國師)가 처음 송광사에 터를 잡았을 때 도적의 무리에게 점거되어 있었다. 도적의 무리가 국사를 보고 모욕하며 물고기로 회를 쳐서 먹게 하였다. 국사는 마다하지 않고 받아먹었다. 뒤이어 살아 있는 물고기 수백 마리를 토해 내니, 물고기들이 양양하게 헤엄쳐 갔다. 도적의 무리는 놀라고 탄복하며 흩어졌다. 지금 삼청루 아래 물에 많은 물고기가 노닌다. 삼청유어(三淸遊魚) 또한 절 안의 고적(古蹟)이다.)

백단나무는 나고 죽음이 없는

불성의 온전함을 깊이 얻었다.

(뜰에 고목이 있는데, 몇 년을 살았는지 알지 못한다. 가지와 줄기가 모두 완전하고, 색이 희며 향이 난다. 혹자는 백단(白檀)이 아닐까 의심된다고 말한다.)

구름 헤치고 만사를 쉬며

목은 선생을 길이 회상한다.

(목은(牧隱) 선생의 시에 "구름 헤치고 침계루에 한 번 오르니, 인간 세상의 만사를 쉬고 싶구나[披雲一上枕溪樓 便欲人間萬事休]." 하였다.)

주(註).

삼청루(三淸樓)는 송광사에 있다.

탁석천(卓錫泉) : "'노계통지(盧溪通誌)'에 의하면, 육조 혜능 대사가 서기 712년 용산 국은사로 돌아와 대중이 먹을 물이 없음을 알고 사찰 내의 땅을 석장(錫杖)으로 치니 물이 솟구쳤다.

해장(海瘴) : 바다의 습기와 열 때문에 생기는 독한 기운.

종용(從容) : (태도가) 조용하다. (시간이나 경제적으로) 여유가 있다. 침착하다. 넉넉하다.

압모(狎侮) : 교만한 마음에서 남을 낮추어 보거나 하찮게 여기는 일.

불사(不辭) : 사양하지 아니함.

이이(已而) : 그 후. 서술문의 끝에 쓰여 '단지 ……일 뿐이다.'의 뜻을 나타냄. 뒤이어.

양양(洋洋) : 가득하다. 망망하다. 풍부하다. 끝없이 넓다.

―『운양집雲養集』卷之一.

贈松廣寺龍雲老衲
증송광사용운노납

舊遊如夢洞中天 彈指光陰二十年
惟有西庵修道侶 厖眉無恙說前緣

옛날에 놀던 꿈의 동중천과 같이
눈 깜짝할 사이에 이십 년이 흘렀다.
오직 서암에서 수도하는 법려가 있어
짙은 눈썹 건강한 모습으로 전날의 인연 말하네

주(註).
용운(龍雲, 1813~1888) : 송광사의 승려이다. 송광사는 1842년(헌종 8년)에 대화재로 거의 소실되
고 말았는데, 용운은 기봉(奇峰, 1776~1853)과 함께 절의 중창에 많은 공적을 남겼다.
동중천(洞中天) : 신선이 산다고 하는 명산 승경(勝景)을 말한다.
무양(無恙) : 병이 없다. 건강하다.
—『운양집雲養集』卷之三.

天子庵
천자암

天子庵後梅檀樹 遍身慘曲十拱餘
龍挐虎鬪脫鱗甲 枝葉下句影扶疎
完顏皇儲種綠宿 脫履東來辭黃輿
結庵名山求道地 師携二枝植庭際
寧知枯木反榮茂 亭亭千秋蔭故居
長老不及雙檀壽 獨有遺像護精廬

천자암 뒤 매단(梅檀)나무는
몸 전체가 굴곡지고 십여 아름이다.
용이 비틀고 호랑이가 싸우는 듯 갑옷 같은 비늘이 벗겨지고
가지와 잎이 아래로 구부러져 그림자도 무성하다.
금나라 태자가 푸른 꿈을 심고 머물며
신발을 벗고 동으로 오면서 드넓은 대지를 사양했다.
명산의 암자를 구도하는 땅으로 인연 맺고
스승과 짚던 두 지팡이를 정원 가장자리에 심었다.
어찌 알았으리오, 고목이 도리어 무성하게 자랄 줄을
천 년을 우뚝하게 높이 자라 옛집에 그림자 드리운다.
늙은 스님도 쌍 향나무의 나이에 미치지 못하니
오로지 끼친 모습만으로 정사를 보호함이 있네.

주(註).

매단(梅檀) : 전단향(梅檀香)

편신(遍身) : 몸 전체에 두루 퍼짐.

부소(扶疏) : (가지와 잎이) 무성하다.

완안(完顔) : 여진족(女眞族)의 별칭으로서 금(金)나라를 가리킴.

황저(皇儲) : 예전에, 황제의 자리를 이을 황제의 아들을 이르던 말. 황태자.

황여(皇輿) : 대지. 황색 수레.

영무(榮茂) : 무성하다.

정정(亭亭) : 우뚝하게 높이 솟은 모양.

고거(故居) : 예전에 살던 집.

정려(精廬) : 정사(精舍)와 같은 말로, 여기서는 불교 사원, 사찰.

—『순천옛시』, 3부, p.106.

신득구 申得求(1850~1900)

松廣寺講會席上韻
송광사강회석상운

睡起曹溪日已東 四州襟佩一樓中
感君益信靑春約 愧我漸疎黃卷工
萬壑川聲添夜雨 千林花氣饒天颷
不知興國遺芬遠 嬉劇玆遊錯比同

자고 일어나니 조계산에 해가 이미 동쪽에
사주(四州)의 젊은이들이 누각에 모여
느낀 대로 임금을 더욱 믿기로 청춘을 약속하니
내가 게을리 공부한 것이 부끄러웠다.
많은 계곡 흐르는 시냇물 소리는 밤에 내린 비로 더하고
숲속에 핀 꽃과 향기는 하늘 바람에 퍼져서
나라를 일으키려 남긴 향기 멀리서는 알지 못하니
희극(嬉劇)으로 이렇게 노닐고 이같이 섞이어라.

주(註).

신득구(申得求, 1850~1900) : 본관은 고령(高靈). 자는 익재(益哉), 호는 농산(農山). 대를 이어 살아온 곳은 구례이다. 아버지는 신제모(申濟模)이며, 어머니는 여산 송씨(礪山宋氏)로 송인채(宋麟采)의 딸이다. 임헌회(任憲晦)의 문인이며, 일찍부터 과거 공부에 뜻을 두지 않고 경학과 성리학 연구에 전력하였다. 개항기『농산문집』을 저술한 학자.

금패(衿佩) : 푸른 옷깃과 푸른 패옥(佩玉)을 말하는 것으로, 푸른 복장(服裝)을 한 청년 학도를 가리킨다.

황권(黃卷) : '책(冊)'을 달리 이르는 말. 책이 좀먹는 것을 막으려고 황벽나무 잎으로 누렇게 물들인 종이로 책을 만든 데서 비롯한 말이다.

—『농산선생문집農山先生文集』卷之一.

이건창 李建昌(1852~1898)

松廣寺
송광사

永夜松聲撼客眠 龍華堂外月孤懸
勞生遲作江南夢 不及舟公雨法年
(虛舟爲世名宿 去年示寂 此其住持本寺者)

긴 밤 소나무 소리는 객의 잠을 흔들고
용화당 밖에 달은 외로이 떠 있다.
힘든 삶에 늦은 강남 꿈을 꾸며
주공의 우법지세(雨法之世)에는 오지 못했다.
(허주는 세상에 이름을 남겼다. 지난해에 죽었다. 이 절의 주지이다.)

주(註).

이건창(李建昌, 1852~1898) : 개항기 때, 한성부소윤, 안핵사, 승지 등을 역임한 문신. 본관은 전주 (全州). 아명(兒名)은 이송열(李松悅). 자는 봉조(鳳朝, 鳳藻), 호는 영재(寧齋). 할아버지는 이조 판서 이시원(李是遠)이고, 아버지는 증이조참판 이상학(李象學)이다. 저서로는『명미당집明美堂集』·『당의통략』 등이 있는데, 비교적 공정한 입장에서 당쟁의 원인과 전개 과정을 기술한 명저로 높이 평가되고 있다.

강남몽(江南夢) : 멀리 있는 벗을 찾아가는 꿈을 말한다. 당나라 잠삼(岑參)의 시「춘몽春夢」에 "동방에 어제 밤 봄바람이 불어오니, 멀리 상강 가의 미인이 생각나네. 베개 위에서 잠깐 꾼 봄꿈 속에, 강남 수천 리를 다 돌아다녔다오[洞房昨夜春風起, 遙憶美人湘江水. 枕上片時春夢中, 行盡江南數千里.]."라고 하였는데, 그 의사(意思)가 여기에서 왔다. ―『詩經 召南 甘棠』『古文眞寶 前集』卷4, 春夢.

일우법(一雨法) : 하늘의 비가 만물을 차별 없이 평등하게 적셔 주듯이 부처님의 법도 중생을 인도한다는 뜻이다.

운우법(雲雨法) : 능히 운우의 법과 같기 때문에 법운지라고 한다(由能如雲雨法故 名法雲地)."라고 하였다.

赦歸宿松廣寺
사귀숙송광사

僕本嶔崎者 萬事落人後 雖則落人後 主眷良獨厚
無挾長有恃 以此期不負 兒癡時見摑 摩挲竟慈母
朝廷盛英妙 四十已老醜 貴倨日軒軒 誰憐我亦久
本末與長短 知我惟我后 百譴亦何傷 孤直終見取
臣有無量願 后有無量壽 謫居無甚悲 宥歸無甚喜
餘生長如客 百慮淡爲水 迂路入山寺 明日過親忌
卽令歸得早 不過躬將祀 丁香木蓮畔 竹露荷風裏
迎門一笑面 已矣長已矣 徒慕之推隱 莫悔皐魚仕
佛說恩重經 普告爲人子 就中憶念恩 吾生尤偏被
哀哀卒無報 愧爲名敎士 昨宿鳳川上 今過牛山隅
懷歸豈不亟 我馬不能驅 藹藹賓朋列 蹲蹲媚學徒
館主及執役 小子隨丈夫 百里遠相從 此意良難孤
應有南榮笑 何與多人俱 鳥獸不可羣 斯人宜與吾

나의 삶은 험하고 가파르기에 만사에 뒤떨어진 사람이다.
비록 뒤떨어진 사람이지만 임금의 보살핌은 두터웠다.
의심 없이 믿어 주었기에 그 기대를 저버리지 않았다.
아이가 어리석어 흔들림을 보일 때에는 자모는 어루만져 주었다.
조정에는 젊은 인재들이 많아 사십이면 이미 늙고 추했다.
귀하고 거만함이 날로 득의 하여 누구나 좋아했으며 나 또한 변하지 않았다.
본말과 장단은 나와 오직 나의 왕만 안다.

백 번 귀양 간들 무슨 상관인가 고고하고 곧음만을 끝내 볼 것이다.

신하에게는 한량없는 소원이 있어야 하고 왕에게는 한량없는 수명이 있어야 한다.

귀양을 산다고 해서 그다지 슬픈 것도 없고, 용서해도 그다지 기쁜 것도 없다.

남은 생은 오랜 나그네와 같고 온갖 걱정은 맑은 물로 여긴다.

빙 둘러 가는 길에 산사에 들려, 내일엔 아버님 제사를 지내려 한다.

곧 일찍 돌아오라는 명령은 몸소 제사를 지내는 것에 지나지 않는다.

정향 목련의 두둑에 대나무 이슬 맺히고 연꽃 향기 풍기는 속에 있다.

문을 우러러 한번 웃는 얼굴을 한다. 이미 그러했고 다음에도 그러할 것이다.

사모하는 이들을 감춰 두고, 고어(皐魚)처럼 일삼아 후회하는 것보다

부처님이 설하신 은중경을 널리 사람들을 위해 말할 것이다.

그 가운데 은혜로움을 기억하게 하였더라면 내 생에 더욱 사랑받았으리라.

돌아가심을 애달파하여도 갚을 길이 없고, 부끄러워한들 명교사가 될 뿐이다.

어제는 봉천 위에서 자고 오늘은 우산 곁을 지난다.

돌아갈 생각에 어찌 급하지 않을까만, 나의 말이 잘 달리지 못한다.

손님이며 벗들이 늘어서고 좋은 학도들이 찾아온다.

관주가 집역을 하고 소자(小子)가 장부(丈夫)를 따른다.

백 리(百里) 멀리 서로를 따르는 이러한 생각은 진실로 어렵고 외롭다.

응당히 남영(南榮)의 미소가 있는데 어찌 많은 사람과 함께하겠는가.

새와 짐승은 무리 지을 수 없으나 이 사람들은 나와 함께 한다.

주(註).

복(僕) : 저, 자신의 겸칭(謙稱).

금기(嶔崎) : 높고 험하다.

낙인(落人) : 타락한 사람. (싸움에 져서) 도망가는 사람.

마사(摩挲) : (옷 따위를) 손으로 매만져서 구김을 펴다. 가볍게 문지르다.

영묘(靈妙) : 재능이 뛰어난 젊은이.

노추(老醜) : 늙고 추함.

헌헌(軒軒) : 풍채가 당당하고 빼어나다. 뛰어난 모양. 득의한 모양.

괵(摑) : 괵(摑, 고(古)와 악(惡)의 반절이다.). 괵(摑)은 또한 찢는(裂) 것이고, 또한 꺾는 것이다.

우로(迂路) : 빙 둘러서 가는 길.

친기(親忌) : 죽은 어버이의 넋에게 음식을 바쳐 정성을 표하는 예절.

불과(不過) : 그 수량 정도에 지나지 않음을 이르는 말.

정향(丁香) : 말린 정향나무의 꽃봉오리. 라일락의 꽃봉오리.

이의(已矣) : 이제 마지막이다! 어쩔 도리가 없구나! 끝났구나!

영문(迎門) : 집의 정면 입구. 문 맞은편.

고어(皐魚) : 고어는 초(楚)나라 사람임. 공자(孔子)가 길을 가다가 고어가 매우 슬피 울고 있는 것을 보고 수레에서 내려 까닭을 물으니, 고어가 대답하기를 "제가 젊어서 배우기를 좋아하여 천하를 두루 다녔는데, 제 어버이가 돌아가셨습니다. 대저 나무는 고요하려 하여도 바람이 그치지 않고, 자식은 봉양하려 하여도 어버이가 기다리지 않는 것입니다. 지나가면 돌이킬 수 없는 것은 세월이고, 돌아가면 따를 수 없는 것은 어버이입니다. 저는 여기서 하직하겠습니다." 하고, 서서 곡(哭)하다가 죽었다는 고사를 말함.

애애(哀哀) : 몹시 슬퍼하는 모양.

명교(名敎) : 사람이 지켜야 할 도리를 밝혀 가르침.

애애(藹藹) : 무성함. 온화함.

빈붕(賓朋) : 손님으로 대접하는 좋은 친구.

선선(躚躚) : 한유(韓愈)의 시 「시아示兒」에 "좋은 학생들이 찾아오니 문하에는 날마다 문도가 있구나[躚躚媚學子, 牆屏日有徒.]."라고 한 말에서 온 것이다.

학도(學徒) : 학문을 닦는 사람.

관주인(館主人) : 지방의 각 고을에서 중앙의 각 관(館)과의 연락 및 업무를 위해 임명한 대리인을 가리킨다. 관주인은 주로 공물, 조세와 관련된 중개 업무를 담당하였다.

남영(南榮) : 경상초의 제자 남영주(南榮趎)로, 도(道)를 듣기 위해 식량을 싸지고 7일 밤낮을 걸어

노자(老子)가 있는 곳을 찾아갔다. -『莊子 庚桑楚』

조수(鳥獸) : 조수와는 무리 지어 살 수 없다는 것은 곧 춘추 시대 초(楚)나라의 은자(隱者)인 장저
(長沮)와 걸닉(桀溺)이 일찍이, 공자가 난세(亂世)에 은거하지 않고 도(道)를 행하려고 애쓰는 것
을 몹시 못마땅하게 여긴 데 대하여, 공자가 이르기를 "새나 짐승과는 함께 무리 지어 살 수 없는
것이니, 내가 이 사람의 무리와 함께하지 않고 누구와 함께하겠는가[鳥獸不可與同群, 吾非斯人之
徒與而誰與]."라고 한 데서 온 말이다. -『論語 微子』
―『명미당집明美堂集』卷五.

이범진 李範晉(1852~1911)

題松廣寺
제송광사

秘地曹溪上 普師驅賊居
杖投生幻樹 食吐化爲魚
怪器難思也 古牙眞的歟
深山花政爛 醉客坐停車

신비한 땅 조계 위에
보조 국사는 도둑을 몰아내고
던진 지팡이가 살아 나무가 되고
토한 음식이 고기가 되고
기이한 그릇은 생각하기 어려우나
과거 부처님의 어금니는 진실이어라.
깊은 산에 꽃이 흐드러지게 피니
취객이 수레를 멈춘다.

주(註).
이범진(李範晉, 1852~1911) : 본관은 전주(全州). 자는 성삼(聖三). 서울 출신. 훈련대장 이경하(李
景夏)의 아들이다. 개항기 농상공부협판, 법무대신 등을 역임한 관료. 1911년 1월 26일(러시아력
1월 13일) 정오 무렵, 러시아 상트페테르부르크 교외에서 세 발의 총성이 울렸습니다. 초대 주러
공사로 러시아에서 국권회복운동을 주도했던 이범진은 1910년 한일합방 소식을 들은 후 망국의
울분을 참지 못하고 머나먼 이국땅에서 권총으로 스스로 목숨을 끊으며 파란만장했던 생을 마감
했다.

題三淸閣
제삼청각

風月同流水 千年詩墨奇
蓮臺應現相 塵客那能知

바람과 달이 흐르는 물과 함께
천년의 시묵(詩墨)에 기이했네
연화대의 응물 현현하는 모습을
사바의 객이 어떻게 알겠는가.

주(註).
응현(應現) : 응물현현(應物顯現), 부처나 보살이 중생을 구제하기 위해 여러 형태로 몸을 바꾸어
이 세상에 나타나는 일
―『조계산송광사지曹溪山松廣寺誌』.

題天子庵
제천자암

大將峰陰天子庵 師携金帝第三男
兩筇一擲庭生樹 檀葉森森兜率參

대장봉 그늘 천자암에는
보조 국사와 금나라 황제의 셋째아들이 짚고 온
두 지팡이를 한곳에 던져 두니 정원의 나무로 자랐다.
단향나무 울창한 잎이 도솔천인 듯하다.

주(註).
삼삼(森森) : 나무가 우거지다.
一『순천옛시』 5부, p.451.

황현 黃玹(1855~1910)

訪松廣寺
방송광사

轉過香峰側 秋光又一重
遠暉明稻黍 淸澗照楓松
菴廢煩仙護 山雄賴國封
泠然響林壑 雲外幾槌鐘

향봉 곁을 돌아 지나다 보니
가을 풍광이 또 한층 더한다.
멀리 벼 기장을 밝게 비추고
맑은 계곡물은 단풍과 소나무를 비추고
암자는 황폐하여 신선의 보호도 번거롭고
산은 웅장하여 나라에서 봉함 힘입었네
시원한 물소리 숲속에 메아리로 울리고
구름 밖에서 몇 번이나 종을 쳤는지

주(註).

황현(黃玹, 1855~1910) : 본서(本書)의 저자로 조선 말기의 학자이며 우국지사(憂國之士)이다. 자는 운경(雲卿), 호는 매천(梅泉)이다. 특히 시문(詩文)에 뛰어났는데, 고종(高宗) 연간 생원시(生員試)에 장원했으나 시국의 혼란함을 개탄하고 향리(鄕里)에 은퇴하여 지내다가 1910년(융희 4년) 한일합병(韓日合倂) 때 국치(國恥)를 통분하여 마침내 「절명시絶命詩」를 남기고 음독 자결(飮毒自決)하였다.

청간(淸澗) : 물이 맑고 깨끗한 시내.

냉연(冷然) : 졸졸. 맑고 시원한 모양. 소리가 깨끗한 모양. 경쾌한 모양.

—『매천집梅泉集』제2권.

暮抵仍宿
모저잉숙

華嚴樓閣沉寥天 楊許方追碧落緣
永夜鐘生禪定處 空山鳥說寺成年
木犀香鎖千峰月 鐵樹花遲七殿烟
萬刦灰飛燈自在 何曾此法賴人傳

화엄 누각이 우뚝 하늘 높이 솟았다.
양희(楊羲)와 허매(許邁)를 따라 푸른 하늘을 인연하니
긴 밤 종소리 선정 속에 울리고
빈산의 새들은 절을 이룬 연대를 말하네
목서의 향기는 천 봉우리 달빛에 잠기고
철나무의 꽃은 칠전의 안개 속에 천천히 핀다.
만겁이 재로 날려도 등은 스스로에게 있어
어찌 일찍이 이 법을 어리석은 사람에게 전하였겠는가.

주(註).
요천(寥天) : 넓은 하늘.
벽락(碧落) : 청천(靑天). 푸른 하늘.
목서(木犀) : 물푸레나뭇과에 속한 상록 대관목.
철수(鐵樹) : 철수는 잎이 자색(紫色)이고 줄기는 마디가 촘촘한 구절창포(九節菖蒲)와 같은 식물
이라고 하기도 하고, 소철(蘇鐵)을 말한다고도 한다.
양허(楊許) : 양허는 진(晉)나라 때 선인(仙人)이며 명필이기도 했던 양희(楊羲)와 허매(許邁)를 합칭
이다. 이들은 일찍이 서로 신명지교(神明之交)를 맺고 구용산(句容山)에 은거하였다.
뢰인(賴人) : 나쁜 놈. 무뢰한.
—『매천집梅泉集』제2권.

김유증 金裕曾(1862~1908)

松廣寺 三淸樓
송광사 삼청루

三淸樓閣泛長橋 下界烟塵到此消
隱石遊魚隨飯躍 滿空落葉御風飄
雲深蘭若誰傳鉢 雨冷椒山欲寄瓢
楯上題銜添感淚 陪遊杖履似今朝

삼청루각에 긴 다리를 띄웠다.
하계의 번거로움이 이곳에 이르면 소멸된다.
돌 속 고기들은 먹이를 따라 솟아오르고
떨어지는 낙엽이 허공 가득 바람 따라 나부낀다.
구름 덮인 난야에 누구의 의발을 전하는가.
내리는 비는 차갑고 산은 험해 표주박 물에 기대려 하네.
방패 위에 직함을 새기니 감격한 눈물이 더하고
어른을 모시고 지팡이 짚고 거닐던 때가 오늘 아침 같다.

주(註).

김유증(金裕曾, 1862~1908) : 자는 경로(景魯), 청풍(淸風) 사람으로 중추원(中樞院) 의장 윤식(允植)의 장남이다. 어머니 윤(尹) 부인이 일찍이 곰처럼 생긴 기이한 짐승이 품 안으로 들어오는 꿈을 꾸고 임신하였다. 철종 임술년(1862, 철종 13년) 12월 27일 양근(楊根) 귀천리(歸川里)의 천운루(天雲樓)에서 태어났다.

난야(蘭若) : 한적한 수행처라는 뜻으로, 절, 암자 따위를 이르는 말.

누각(樓閣) : 휴식을 취하거나 놀이를 하기 위해, 산이나 언덕, 물가 등에 높이 지은 다락집.

표(瓢) : 『논어』「옹야(雍也)」에 "어질도다 안회여. 한 대그릇의 밥과 한 표주박의 물로 누추한 시골 구석에서 살자면, 다른 사람은 그 걱정을 견디지 못하건만, 안회는 도를 즐기는 마음을 변치 않으니, 어질도다 안회여[賢哉回也, 一簞食, 一瓢飮, 在陋巷, 人不堪其憂, 回也不改其樂, 賢哉回也.]." 라고 하였다.

함(銜) : 함(銜)은 '재갈 함'이라는 한자로, '재갈', '입에 물다', '마음에 품다', '직함(職銜)' 등을 뜻한다.

배유(陪遊) : 윗사람을 모시고 함께 어울려 놂.

—『순천옛시』, 3부, p.109.

이기춘 李基春(생몰미상~1864~)

謹次牧隱松廣寺枕溪樓
근차목은송광사침계루

吾祖何年訪此樓 山門遺蹟未全休
玩華老釋前因在 書報璇題揭上頭

不見華師十幾塵 無緣相對說空眞
窮溟忽得厖眉信 滿眼詩篇反覆頻

나의 조상은 어느 해에 이 누각을 찾으셨을까.
산문에 남긴 자취 온전히 쉴 날이 없었네.
완화 노스님과 이전에 인연이 있어,
글로써 보답한 선제를 첫머리에 걸었네.

보지 못했는가, 완화 선사의 몇십 년 세사를,
인연 없는 상대에게도 공의 참을 설하시다
더해 가는 늙음에 홀연 긴 눈썹을 얻어
눈 가득 시편을 여러 번 반복한다.

주(註).

1864년 12월 8일, 병비(兵批)가 이원회(李元會)를 선전관으로, 김우철(金佑喆)·유태로(柳泰魯)·김 풍집(金豊集)·윤은일(尹殷一)을 오위장으로, 이종관(李鍾觀)을 선전관으로, 김규홍(金奎弘)·조정 섭(趙定燮)을 문신겸선전관으로, 이기춘(李基春)을 경상좌도 병마절도사로, 신숙(申櫹)을 공충도 수군절도사로, 백낙정(白樂貞)을 경상좌도 수군절도사로 삼았다. 동지에 최인건(崔仁鍵)을 단부하 고, 첨지에 홍종선(洪鍾善)을 단부하였다.

완화(玩華) : 완화 처해(玩華 處觧) 스님.

선제(璇題) : 높고 화려한 누각의 옥으로 장식한 서까래 머리 부분을 가리킨다. 백거이(白居易)의 「권주勸酒」 시에 "동쪽 이웃엔 백 척 높이의 누각을 일으켜, 선제에 해가 비쳐 광망이 서로 쏘아 대 네[東鄰起樓高百尺 璇題照日光相射]."라고 하였다. —『白樂天後集』卷19.

방미(厖眉) : 흰털이 섞인 눈썹. 곧 노인의 눈썹.

—『조계산송광사지曹溪山松廣寺誌』, 『순천옛시』, 5부, p.439.

이의순 李宜淳(생몰미상~1871~)

遊吟松廣寺
유음송광사

地秘靈區上出峰 危嶝翠嶂復重重
依嵒植幾千年杖 繞塔高過百尺松
五馬角聲威振肅 三乘牛力講無憪
我來欲問楞伽字 合眼低頭打月種

땅은 비밀스럽고 신령한 구역에 봉우리 높게 솟았고
험하고 비탈진 푸른 산에 오르니 다시 거듭된다.
바위를 의지해 심은 나무는 몇천 년의 지팡이로
백 척의 소나무들이 높이 탑을 에워싸듯 하다.
다섯 말의 방울 소리는 위엄을 떨치고
삼승의 소의 힘은 강의를 들음에 게으름이 없게 하네
내가 능가경에 관해 물으려 하니
눈을 감고 졸다가 새벽종을 친다.

주(註).
이의순(李宜淳) : 고종(高宗) 8년(1871) 2월 13일 이의순 나이 25세. 본관 광주(廣州). 정산(定山) 거
주. 부(父)는 선략 장군 훈련원 첨정(訓鍊院僉正) 이중억(李重億). —『충청감영계록忠淸監營啓錄』
신의 영 우후(虞候) 이의순(李宜淳)이 함경도(咸鏡道) 이원 현감(利原縣監)으로 있다가 지난 6월
29일 정사(政事)에서 본직에 제수되어 9월 18일에 조정에 하직 인사를 하고 떠나 10월 15일에 임
지에 도착하였습니다. 고종(高宗) 22년(1885) 10월 16일 승정원 개탁.
—『순천옛시』, 4부, p.349.

백낙륜 白樂倫(생몰미상~1895~)

松廣寺
송광사

精藍瀟灑坐忘還 林樾蒼蒼萬疊山
百級鷗臺知佛力 兩條象笏見禪顔
入雲淸唄空門靜 臨砌幽花寶殿閒
不見遊魚歸洞口 恐隨流水到人門

가람이 맑고 깨끗해 돌아갈 생각을 잊고 앉았으니
숲은 너무 푸르고 푸르러 만 겹으로 산이다.
높은 치락대(鷗落臺)는 부처님 영험 알게 하고
두 조의 상홀(象笏)은 참선의 얼굴을 알게 하였다.
맑은 하늘에 범패 소리는 공문을 고요하게 하고
계단 아래 핀 꽃은 대웅보전을 한가롭게 한다.
보지 못한 고기들이 유유히 동구로 돌아오는데
흐르는 물을 따라 인문(人門)에 이를까 걱정이네.

주(註).

겸산(兼山) 백낙륜(白樂倫) : 조선 말기의 무신인 백낙륜(白樂倫)의 호이다. 본관은 수원이며, 자세한 사항은 미상이다. 『고종실록』에 의하면, 1885년(고종 22년)에 전라좌도 수군절도사, 1886년에 황해도 병마절도사, 1895년에 남원부 관찰사(南原府觀察使)에 제수되었다. 『유시당시고有是堂詩稿』 3책이 세상에 전해지고 있다고 하였다.

정람(精藍) : 정사 가람(精舍伽藍)의 준말로 불교의 사원(寺院)을 말한다.

소쇄(瀟灑) : 가지고 있는 기운이 맑고 깨끗함.

치대(鴟臺) : 치락대(鴟落臺). 보조 국사가 송광사 절터를 잡을 때 나복산(羅葍山 : 현재의 모후산母后山)에서 나무로 만든 솔개(木鴟)를 날렸더니 국사전(國師殿)의 뒷등에 떨어져 앉았으므로 이 뒷등의 이름을 치락대라 했는데, 후에 원감 국사(圓鑑國師) 충지(沖止)가 진락대(眞樂臺)라고 했다.

물(芴) : 물(芴)은 물(勿) 또는 홀(忽)의 가차자인데 홀(惚)은 본시 홀(忽)의 속자(俗字)이다. 흐리멍덩하여 말로 표현하기 어려운 모습. ―『장자莊子』의 주(註).

상홀(象笏) : 홀. 신하가 임금을 뵐 때 조복(朝服)·제복(祭服)·공복(公服) 차림을 하였을 때에 손에 쥐는 작은 판(板)이다. 그 신분에 따라 1품(一品)부터 4품(四品)까지의 관원은 상아(象牙)로 만든 아홀(牙笏)을, 5품(五品) 아래로 9품관은 괴화(槐花)로 만든 목홀(木笏).

범패(梵唄) : 절에서 재를 올릴 때 부르는 것으로, 석가여래의 공덕을 찬미하는 노래.

동구(洞口) : 마을로 들어서는 목의 첫머리. 절로 들어서는 산의 어귀.

―『순천옛시』, 5부, p.450.

題松廣寺
제송광사

十笏禪房一線天 名區南拓海山邊
拈花薝蔔繙經席 捨食魚龍釀雨川
鐵鳳連竿龕裡佛 靑蛇籠袖洞中仙
有生皆住虛空界 窓紙癡蜂不用穿

한 평 선방의 하늘은 한 줄로 보이고
명승지는 남쪽 바다 산 부근이다.
치자꽃 들어 경연을 되풀이하고
먹고 토한 어룡은 개울 빗물에 섞이었다.
철봉과 연이은 당간 감실의 부처님
청사는 대바구니든 소매에 넣든 계곡 신선이다.
태어남에 모두 허공계에 머물지만
창호지는 어리석은 벌이 뚫을 수 없다네.

주(註).
명구(名區) : 명구승지(名區勝地) 경치가 좋기로 이름이 난 곳.
십홀선방(十笏禪房) : 방(房)의 가로세로가 2자 6치 되는 홀(笏) 열 개를 합한 정도의 길이밖에 안
되는 아주 조그마한 선방을 말한다.
담복(薝蔔) : 치자나무의 꽃.
경석(經席) : 경연(經筵).
철봉(鐵鳳) : 철봉은 옛날의 지붕 용마루 위에 있던 일종의 철제(鐵製) 장식물로 그 형상이 봉황과
같아 철봉이라 한다. 두보의 「大雲寺贊公房」에 "옥승은 아스라이 사라지고 철봉은 삼연(森然)히
나는구나(玉繩迥斷絶 鐵鳳森翔翔)."라고 하였다.
—『조계산송광사지曹溪山松廣寺誌』.

윤성구 尹成求(생몰미상~1897~)

題羽化閣
제우화각

如望官盖雨中臨 野叟雲僧共一吟
樹老昇平山影大 鍾鳴極樂水聲深
何人能記前生夢 是佛應知不死心
三日高樓疑羽化 御風灑落披靑襟

관리가 우중에 임하는 것을 바라보고
마을 노인과 운수 납자가 함께 읊조렸다.
나무는 늙고 승평의 산 그림자는 크고
종이 울리니 극락이요 물소리 깊다.
누가 능히 전생의 꿈을 기억하리
부처님만이 응당히 불사심을 알 뿐
삼 일간의 높은 누각 신선인 듯 의심했네.
부는 바람 상쾌함에 청금을 풀어헤친다.

주(註).

윤성구(尹成求) : 승정원일기 고종 34년 정유(1897, 광무 1년) 12월 8일(계해, 양력 12월 31일) 맑음. 순천군수(順天郡守)에 윤성구(尹成求)를 임용하고, 양덕군수(陽德郡守)에 이한익(李漢翼)을 임용하였다.

관개(官盖) : 높은 벼슬아치들이 타는 수레. 따라서 높은 벼슬아치를 말한다.

쇄락(灑落) : 기분이나 몸이 상쾌하고 깨끗함.

청금(靑襟) : 청금(靑衿) 곧 생원(生員)을 뜻한다. 성균관(成均館)과 오부(五部) 유생(儒生)들이 처음으로 청금(靑襟)을 입었으니, 조정(朝廷)의 제도를 따른 것이었다.

우화(羽化) : 우화(하다). 우화등선(羽化登仙)하다. 신선이 되다. (도교에서) 사람이 죽다.

—『조계산송광사지曺溪山松廣寺誌』.

김정태 金禎泰(1896~1935)

天子庵
천자암

行行臨絶頂 四大却飄然
石逕錐無地 松門井見天
王孫何處去 香樹至今傳
一宿神仙窟 人間五百年

가는 곳마다 절정으로
온몸이 도리어 가볍다.
길이 좁아 송곳 꽂을 땅이 없고
송문의 우물에 하늘이 보인다.
왕손은 어디로 갔을까.
향나무는 지금도 전해지는데
하루를 신선 굴에서 자고 나니
인간 오백 년이 지났네.

주(註).
김정태(金禎泰, 1869~1935)
사대(四大) : 세상 만물을 구성하는 땅, 물, 불, 바람의 네 가지 요소.
표연(飄然) : 표연하다. 모든 것을 떨쳐 버려 얽매인 것 없이 매우 가볍다.
석경(石逕) : 돌길. 돌이 많은 좁은 길.
—『순천옛시』 4부, p.122.

양해교 梁海教(생몰미상)

枕溪樓
침계루

樓中一衲子 孤影落前溪
禪誦魚聽立 巖根日欲低

누각 가운데 한 납자가
외로운 그림자를 개울에 떨어뜨리고
선시(禪詩)를 읊으니 고기가 서서 듣는다.
바위 끝에 해가 지려 하네.

주(註).
납자(衲子) : 납의를 입은 승려. 승려(僧侶).
암근(巖根) : 땅에 묻힌 바위의 아랫부분.
—『순천옛시』, 4부, p.245.

백암호당 죽헌 白巖浩堂 竹軒(생몰미상)

十六國師慈蔭堂 (1)
십육국사자음당

幸到修禪寺 九旬居忍房
龍爲千勝地 天作一精方
水勢重重抱 山容疊疊壯
三韓元不隻 一國亦無雙
不信吾言者 仰觀祖影堂
昔人烹佛祖 今客又魔降
普告後來友 須登世事忘

다행하게도 수선사에 이르렀다.
구순을 사바세계에 살았다.
용이 천승지를 만들고
하늘이 일정방을 지었다.
개울 물 흐름은 거듭거듭 포개고
산세는 첩첩히 장관일세
삼한은 원래 하나가 아니고
한 나라 또한 둘이 없네.
나의 말을 믿지 않는 이는
조사의 진영을 우러러보아라.
옛사람들은 부처와 조사를 삶아 먹었고
금일 나그네는 마구니를 항복받았다.

널리 후대의 벗들에게 말해서
세상일 잊고 살아가세.

十六國師慈蔭堂 (2)
십육국사자음당

曹溪山下修禪寺 千年恵恵利國人
每誦佛經防惡水 時參祖意祝君民

조계산 아래 수선사는
천 년을 도도하게 나라 사람들을 이롭게 했다.
매양 불경을 외우면 오염된 물을 막고
시시때때로 조사의를 참구하고 국민을 위해 축원하네.

주(註).
구순(九旬) : 아흔 살. 81세 망구(望九) 아흔을 바라봄. 91세 망백(望百) 백을 바라봄.
此右側欄外有文如下 (松廣讚 水勢重重包 山容疊疊藏 三韓元不隻 一國更無雙) [底]
普濟尊者『通錄撮要』卷之第四,「王師普濟尊者」에 주로 기록되어 있다.
이 우측 난 밖에 아래와 같은 글이 있다. (송광찬. 물의 세력은 거듭거듭 포개고 산색은 첩첩히 장
엄했다. 삼한은 원래 하나가 아니요. 한 나라는 다시 둘이 없다.)『등록촬요』권4.「왕사보제존자」
에 주로 기록되어 있다.
―『조계산송광사지曹溪山松廣寺誌』,『순천옛시』, 4부, p. 345~346.

김효찬 金孝粲(생몰미상)

題羽化閣
제우화각

琳宮貝樹午陰遲 坐說南宗雨法時
心鏡涵虛三日泉 春光不老兩筇枝
吐魚應器留陳跡 寶舃靈牙證後期
寄語人間善男女 樂邦仕次更何之

임궁의 패다라나무 오후 그늘은 더디고
좌선하는 남종선을 비 오듯 설법할 때
마음의 거울로 허공을 머금은 삼일천(三日泉)
봄빛에도 늙지 않는 두 지팡이
토한 물고기 능견난사는 펼친 자취로 남고
보배로운 신발창과 신령한 어금니로 증명한 후대
인간세 선남자 선여인에게 부탁하노니
극락세계를 다음 일로 두고 다시 어디로 가려 하는가.

주(註).
본읍(本邑) : 자기가 살고 있는 읍.
임궁(琳宮) : 도원(道院)을 가리킨다.
패수(貝樹) : 잎이 많고 마가타서국(摩伽佗西國)에서 나오는데, 이 잎에다 불경을 쓴다.
공지(筇枝) ; 대나무 지팡이를 짚음.
기어(寄語) : 다른 사람에게 부탁하여 말을 전함.
낙방(樂邦) : 낙토. 서방 극락세계.
—『조계산송광사지曹溪山松廣寺誌』

안정모 安正模(생몰미상)

題松廣寺
제송광사

解脫門前日欲紅 行人駐馬梵王宮
木鷹應化慈悲力 鐵樹深藏雨露功
萬派成潭浮印月 千峯東翠送長風
丞安舊事渾如夢 聖世難忘道釋聾

해탈문 앞에 해는 붉게 떠오르고
사람들은 범왕궁에 말을 멈춘다.
나무 솔매로 응화한 자비력과
철 나무를 오래도록 간직한 것은 비와 이슬의 공이다.
사방 물줄기 못을 이루어 달 비추고
천 봉의 푸르른 동쪽 바람이 오래도록 분다.
편안했던 옛일이 혼연히 꿈만 같고
성세에 어리석음을 깨달은 것을 잊지 못하네.

주(註).

행인(幸人) : 행복한 사람.

범왕궁(梵王宮) : 대범천이 머무는 궁전. 절을 뜻하는 말로 쓰이기도 한다.

응화(應化) : 부처나 보살이 중생을 구제하기 위해 여러 형태로 몸을 바꾸어 이 세상에 나타남. 원하는 대로 응해 변화하여 나타난다.

철수(鐵樹) : 철수는 잎이 자색(紫色)이고 줄기는 마디가 촘촘한 구절창포(九節菖蒲)와 같은 식물이라고 하기도 하고, 소철(蘇鐵)을 말한다고도 한다. 열대식물이고 거의 꽃이 피지 않는 식물이어서, 철수가 꽃을 피운다는 철수개화(鐵樹開花)는 보기가 쉽지 않은, 아주 드물게 나타나는 현상을 비유하는 말로 쓰인다. 우리나라 문인들의 시문에서 철수의 개화는 대개 장수(長壽)하는 것을 비유하는 말로 쓰였다. 송광사 고사목.

우로(雨露) : 비와 이슬을 아울러 이르는 말. 은혜(恩惠). 은택(恩澤).

만파(萬派) : 여러 갈래.

혼연(渾然) : 다른 것이 조금도 섞이지 않고 고르게.

난망(難忘) : 잊기 어렵거나 잊지 못함.

—『조계산송광사지曹溪山松廣寺誌』.

기생 향 妓香

訪松廣
방송광

石逕透迤細澗通
輕裙緩步自生風
纔到山門春已晚
一山花發兩山紅

멀고 긴 돌길 지나 작은 개울 건너니
가벼운 치마 더딘 걸음 절로 바람이 이네
겨우 산문에 이르렀는데 봄은 벌써 저물어
한쪽 산에 꽃 만발하니 두 산이 붉어지네.

주(註).
위이(透迤) : (도로 · 하천 등이) 구불구불 멀리 이어진 모양. 멀고 긴 모양.
완보(緩步) : 천천히 걸음.
—『대동영선大東詠選』

송광사에 대한 사료

1)고려 수선사(修禪社)

김근수(金君綏, 1210년)의 〈조계산 수선사 불일 보조 국사 비명曹溪山修禪社佛日普炤國師碑銘〉에 "임금께서 사저(私邸)에 있을 때부터 본래 그 명망을 중히 여겼고, 왕위에 나아가서는 송광산(松廣山)을 조계산(曹溪山)이라 고치고, 길상사(吉祥寺)를 수선사(修禪寺)로 고치게 하고, 친필로 현판을 썼다. 또 만수가사(滿繡袈裟) 한 벌을 하사해서 별다르게 표창하여, 깊이 공경하고 보호하였는데 그 정성이 비할 데 없었다."

上自潛邸 素重其名 及卽位 命改號松廣山爲曹溪山 吉祥寺爲修禪社 親書題榜 旣又就賜滿繡袈裟一領以褒異之 篤敬光護之誠 他無等夷

고려(高麗) 혜심의 『선문염송집』 1권.
『해동 조계산 수선사 무의자 서海東曹溪山修禪社無衣子序』(1226).

〈조계산제이세고단속사주지수선사주증시진각국사비명曹溪山第二世故斷

316

俗寺住持修禪社主贈諡眞覺國師碑銘〉

갑오년(1234, 고종 21년) 이규보의 나이 67세. 12월에 정당문학 감수국사 (政堂文學監修國史)에 제수되어 칙명(勅命)을 받고 〈조계산제이세고단속사 주지수선사주증시진각국사비명曹溪山第二世故斷俗寺住持修禪社主贈諡眞覺 國師碑銘〉을 지으면서는, 조계산 '수선사주(修禪社主)'라 하였다.

2)고려 송광사(松廣社)
〈고화장사주지왕사정인대사추봉정각국사비명故華藏寺住持王師定印大禪 師追封靜覺國師碑銘〉

"절에 내려온 지 13년인 기축년(1229년) 6월 15일에, 우뢰가 사납게 진동하 고 큰 돌이 무너져 떨어지더니, 이날 국사께서 미미한 병 증세를 보였다. 7월 2일 새벽에 일어나 손발을 씻고 문인 현원(玄源)을 불러 편지 세 통을 쓰게 하 였는데, 임금과 지금의 정승 진양공(晉陽公)과 고승(高僧)인 송광사주(松廣 社主)에게 영원히 떠나간다는 것을 보고하라는 부탁이었다." 여기에서는 지 겸(志謙) 정인(定印) 대사(大師)는 '송광사주(松廣社主)'라 하였다.
囑國王及今相國晉陽公高僧松廣社主 告以長邁

『동국이상국집』후 집 11권 찬.
"송광사주(松廣社主, 1234~1252)인 대선사(大禪師) 몽여(夢如)가 시자(侍 者) 두 명을 보내어 정이안(丁而安)의 묵죽(墨竹) 두 그루를 얻고, 이어서 나 를 맞이하여 찬을 짓게 하다."
松廣社主大禪師夢如 遣侍者二人求得丁而安墨竹二幹 仍邀予爲贊云

최자(崔滋), 『조계종 삼중 신정 위 선사 관고曹溪宗三重神定爲禪師官誥』.

"신정(神定)은 범상(梵相)이 장대하고, 천기(天機)가 빼어났다. 방외(方外)로 가는 길에서 학류(學流)의 수좌(首座)가 되고, 선불(選佛)하는 과장(科場)에서 심공(心空)의 급제(及第)가 되었다. 인간의 자취를 매미 껍질 벗듯이 하고, 격외의 놀이를 붕새가 날 듯이 하였다. 비록 백 척의 장대 꼭대기에서 능히 걸음을 내딛었으나, 외로운 산봉우리의 마루턱에서 몸을 편안히 할 겨를이 없었으며, 송광사(松廣社)에서 떠나 죽림방(竹林坊)에 살았다."

某梵相魁梧 天機俊壯 遊方路上 爲首座於學流 選佛塲中 作心空之及第 蟬蛻
人間之迹 鵬搏格外之遊 雖能進步於百尺竿頭 未暇安身於孤峯頂上 出松廣社
居竹林坊 金鳳舞玉鷄啼

주(註).

관고(官誥) : 조선 시대, 임금이 사품 이상의 관리를 임명할 때에 내리는 사령을 이르던 말.

신정(神定)은 송광사 제5세 원호 천영(圓悟國師 天英, 1215~1286)의 제자이다.

3)고려 송광사(松廣寺)

『고려사절요』권 23, 「충선왕」조.

"계축 5년(1313), 원 황경 2년 12월에 상왕이 연경궁에서 중 2천 명에게 공양하고 등 2천 개에 불을 켰다. 송광사(松廣寺)의 중 만항(萬恒)을 모임에 오도록 불렀는데, 돌아갈 때는 상왕이 타는 초요자(軺轎子)를 하사하여 태워 보냈다."

上王, 飯僧二千, 點燈二千于延慶宮, 召松廣寺僧萬恒赴會, 及還, 賜所御

軺輅子，遣之

『고려사절요』 권 28, 「공민왕」 조.

“병오 15년(1366), 원 지정 26년 이귀수(李龜壽)를 형벌로 머리를 깎아 송광사(松廣寺)에 두고 김귀(金貴)를 머리를 깎아 노산사(盧山寺)에 두고, 박춘(朴椿)을 머리를 깎아 열암사(裂巖寺)에 두었더니, 그 2년 후에 신돈이 사람을 보내어 모두 강물에 빠뜨려 죽였다.”

髡李龜壽，置于松廣寺，金貴于盧山寺，朴椿于裂巖寺，後二年，旽遣人，皆沈于江殺之

목은 이색, 『보제존자시선각탑명普濟尊者諡禪覺塔銘』

“신해년(1371, 공민왕 20년) 8월 26일에 공부 상서(工部尙書) 장자온(張子溫)을 보내 교서(敎書)와 함께 직인(職印)을 내리고 법복(法服)과 발우(鉢盂) 일체를 갖추게 하였으며, 왕사(王師) 대조계종사(大曹溪宗師) 선교도총섭(禪敎都摠攝) 근수본지중흥조풍복국우세보제존자(勤修本智重興祖風福國祐世普濟尊者)에 봉하였다. 그리고 송광사(松廣寺)가 동방의 제일도량(第一道場)이라 하며, 스님을 그곳에 머물도록 명하였다.”

辛亥八月二十六日 遣工部尙書張子溫齎書降印 法服鉢盂皆具 封爲王師，大曺溪宗師，禪敎都摠攝，勤修本智重興祖風福國祐世普濟尊者 謂松廣寺東方第一道場 迺命居之

『고려사절요』 권 31, 「신우왕」 조.

“경신신우 6년(1380), 대명 홍무 13년 3월에 왜적이 순천 송광사(松廣寺)를 침범하였다."

　三月，倭，寇順天松廣寺

　4)고려 송광산(松廣山)

　임계일,『만덕산백련사정명국사(釋天因, 1205~1248) 시집 서萬德山白蓮社
靜明國師詩集序』

　"만덕산(萬德山)에 당도하여, 원묘 국사(圓妙國師)에게 참알(叅謁)하고, 이
미 염인(染因)이 떨어지자 송광산(松廣山) 심화상(諶和尙)을 찾아가서 조계
(曹溪)의 요령을 터득하고, 구산(舊山)으로 돌아와 스승의 훈계를 승복하여
연경(蓮經)을 외며 비로소 보현도량(普賢道場)을 열었다."

　抵萬德山 叅圓妙國師 既零染因 造謁松廣山諶知 尙 得曹溪要領而還舊山 祗
服師訓 誦蓮經 始開普賢道場

『동국이상국집』권 제9.

　"사월 육일에 송광산(松廣山)의 도자(道者) 무가(無可)가 볼일로 서울에 왔
다가 산으로 돌아가면서 청한 시 제목.

　四月六日 松廣山道者無可 因事到洛師 還山次乞詩

『목은 시집牧隱詩藁』권 제8.

「대서(代書)하여 송광(松廣)의 화상(和尙)에게 받들어 올리다(代書奉簡松
廣和尙)」.

　송광산은 아스라이 멀리 있어 이름은 대길상이라 전한다.

松廣山迢遞 名傳大吉祥

『봉답송광화상혜다급선奉答松廣和尙惠茶及扇』
"높고 높은 수선사는 멀리 송광산에 있으며 현액은 대 길상이다."
巍巍修禪社 遠在松廣山 額曰大吉祥

5) 고려 조계산(曹溪山)

김근수(金君綏, 1210년)의 〈조계산 수선사 불일 보조 국사 비명曹溪山修禪社佛日普炤國師碑銘〉에 "임금께서 사저(私邸)에 있을 때부터 본래 그 명망을 중히 여겼고, 왕위에 나아가서는 송광산(松廣山)을 조계산(曹溪山)이라 고치고, 길상사(吉祥寺)를 수선사(修禪寺)로 고치게 하고, 친필로 현판을 썼다. 또 만수가사(滿繡袈裟) 한 벌을 하사해서 별다르게 표창하여, 깊이 공경하고 보호하였는데 그 정성이 비할 데 없었다."

上自潛邸 素重其名 及卽位 命改號松廣山爲曹溪山 吉祥寺爲修禪社 親書題榜 旣又就賜滿繡袈裟一領以襃異之 篤敬光護之誠 他無等夷

고려(高麗) 혜심의 『선문염송집』 1권. 『해동 조계산 수선사 무의자 서海東曹溪山修禪社無衣子序』
"해동 조계산 수선사 무의자 서(1226년)"
海東曹溪山修禪社無衣子序

더불어 하는 말

로담 정안

송광사는 나의 본사이다.

70년대 송광사는 전기도 들어오지 않았고, 가난한 절로 당우의 기둥이 기울고 바람에 흔들려 기왓장이 떨어지는 듯한 모습에, 절 살림도 원활하지 못해 늘 구산 방장 큰스님의 법화에 힘입어야 했다. 대중은 많지도 않았다. 결재 철이면 납자들이 모여 참선을 하다가도 해제를 하게 되면 도리어 절이 멸진정에 들 정도였다. 그럴 때이면 행자인 내가 수선사에 올라 홀로 당우를 지키곤 했다.

많은 시간이 지났다. 본사인 송광사에 대해 아는 것이 하나도 없고, 무엇 하나 보탬이 되지 못한 채 부처님의 지혜와 자비의 복덕 아래 시주의 은혜만 입었다는 생각이 들었다. 지금까지 한다고 하던 일이 선시(禪詩)를 엮어 내는 일이라, 송광사를 제(題)하여 칭송 찬탄한 역대 시승(詩僧) 묵객들의 시를 찾았다. 현재의 문화 발전으로 자료가 잘 정리된 컴퓨터 프로그램 덕에(『한국불교전서』, 〈한국고전종합DB〉, 『순천옛시』, 『조계산송광사지』) 찾는 길이 한 편 수월했다.

송광사를 찬탄 칭송한 역대 시승 묵객들의 시를 찾으면서 한 가지 의심되는 것이 있었다. 송광사(松廣寺) 사명(寺名)이다. 정작 송광사를 칭송 찬탄한 시를 찾으면서 언제부터 송광사라고 했는지 개사명(改寺名), 즉 송광사(松廣寺)라 제명(題名)한 시대를 알 수 없었다.

송광사 사명에 대한 사료로는 사찰 사료인 『조계산송광사지曹溪山松廣寺誌』와 『대승선종 조계산 수선사 중창기大乘禪宗曹溪山修禪社重創記』가 있고, 혜심의 『선문염송집』, 이색이 지은 『목은 시집』과 『보제존자시선각탑명普濟尊者諡禪覺塔銘』, 이규보의 『고화장사주지왕사정인대사추봉정각국사비명故華藏寺住持王師定印大禪師追封靜覺國師碑銘〉, 임계일, 『만덕산백련사정명국사시집서萬德山白蓮社靜明國師詩集序』, 『봉답송광화상혜다급선奉答松廣和尙惠茶及扇』등의 일반 사료와 역사 사료인 『동국이상국집東國李相國集』, 『고려사절요高麗史節要』가 있다.

이들 사료와 자료들을 살펴보면 첫째, 신라 말 혜린(慧璘) 대사(大師)가 터를 잡고 법왕궁을 세워 산 이름을 송광산(松廣山)이라 하고 절 이름을 길상사(吉祥寺)라 하였으나 창사(創寺) 이후 성상(星霜)이 바뀌고 풍설(風雪)에 기둥과 처마가 무너지고 모습이 어스름하여 당우가 촌노와 촌부도 거주하기에는 마땅치 못하게 되어 갔다.

둘째, 고려 인종(仁宗, 1122~1146) 때 산승(山僧) 석조(釋照) 대사(大師)가 대원력을 내어 크게 중창을 하고자 자재와 인부를 모집하고 불사를 하려 하였으나 대원력을 이루지 못하고 도중에 원적에 들자 불사는 멈추었다. 이때까지도 산명과 사찰명은 송광산(松廣山) 길상사(吉祥寺)이다.

셋째, 보조 국사의 정혜결사이다. 대금(大金) 태화(泰和) 7년(1207, 희종 3년) 『조선사찰사료』전남지부(全羅南道), 현재 송광사인 『대승선종 조계산 수선사 중창기大乘禪宗曹溪山修禪社重創記』에 의하면 "고려 인종(仁宗) 때 산 승(山僧) 석조(釋照)가 큰 사찰로 만들고자 하여 목재와 일꾼을 모았으나 불 행히 입적하게 되어 그가 이루고자 하던 일이 다시 허사가 되었다. 20년이 지 나 지눌(知訥, 1158~1210)은 제자인 수우(守愚)를 시켜서 강남(순천) 지역을 두루 돌아다니게 하고 결사(結社)하여 좌선할 곳을 찾도록 하였다."

"수우 스님이 우연히 이 산에 들어가 형세를 두루 살펴보니 겨우 백 칸 정도 되는 허물어진 절이 있었으며 머무는 승려도 삼사십 명에 지나지 않았다. 그 런데 이 지역은 경치가 아름답고 토양이 비옥하고 물은 달고 숲은 무성하여 참으로 심성을 수양하고 사람을 모으고 복을 누릴 수 있는 장소라고 할 만하 였다. 그리하여 도반인 천진(天眞)·확조(廓照) 두 스님이 마음을 합치고 힘 을 모아서 정사년(1197, 고려 명종 27년)에 나무도 베고 흙을 날라 토목 공사 를 시작하였다. 공사를 시작한 지 5년 경신년(1200, 신종 3년)에 보조 국사 가 이 절로 옮겨 왔고 모두 팔십여 칸 건물을 세웠는데 불우, 요사채, 재당(齋 堂), 공양간, 창고 등이 모두 갖춰졌다. 9년 만에 공사가 끝나니 대금(大金) 태화(泰和) 5년(1205, 희종 1년)이었으며, 그해 10월 1일에 어명을 받아 대략 120일 동안 경찬법회(慶讚法會)를 설행하였다. 개당(開堂)하여 선(禪)을 강 설할 때는 송나라 대혜 선사(大慧禪師) 종고(宗杲, 1089~1163)의『서장書狀』 을 낱낱이 설파하고, 밤에는 고요히 임금의 축수를 기원하면서 낙성식을 하였 다."

"도반인 몽선(夢船) 스님, 단심(端諶) 스님, 용암사(湧岩寺)의 인민(仁敏) 스 님, 염불산(念佛山) 갑사(岬寺)의 정성(正誠) 스님, 불암사(佛菴寺)의 해공(解 空) 스님, 미흘사(彌屹寺)의 가휴(可休)스님, 거조사(居祖寺)의 득재(得才) 스 님, 수선사의 각순(覺純) 스님, 부유현(富有縣)의 안일호장(安逸戶長) 작수

(爵修) 등이 모두 마음을 관조하면서 삼매의 경지에 들어갔다."

"장성현(長城縣) 백암사(白巖寺)의 승려 성부(性富)는 평생 목공일을 하면서 생계를 꾸렸는데 불법을 듣고 보리심(菩提心)을 일으켜 염불하는 것을 자신의 일로 여겼다. 이 절의 여러 건물은 모두 그의 손에 의해 완성된 것이다. 금성(錦城)의 안일호장 진직승(陳直升)은 아내와 함께 역시 보리심을 일으켜 금주하고 오신채를 먹지 않았으며 『반야심경』을 항상 들고서 마음에 두었으며 백금(白金) 10근을 절을 짓는 경비로 시주하였다. 남쪽 지역 고을의 부자들은 재물을 시주하였고 가난한 사람들은 노동력을 제공하여 절집을 완성하니 금빛과 푸른빛의 단청색이 환하게 땅에서 솟아오르는 듯하였다. 임금이 듣고 가상하게 여겨 산 이름을 조계산, 절 이름을 수선사로 바꾸라고 하였으며 이어서 어필로 현판을 써서 포창(山名曰曹溪 社名修禪 仍以 御筆題額以褒之)하였다."

이러한 사료로 볼 때 신라 말 혜린(慧璘) 대사(大師)가 터를 잡고 법왕궁을 세워 산 이름을 송광산(松廣山)이라 하고 절 이름을 길상사(吉祥寺)라 하였고, 석조 대사가 원력을 세워 중창하고자 하였으나 뜻을 이루지 못하였고, 보조 국사의 정혜결사도량으로 중창하면서 고려 희종이 즉위 3년 1207년에 어필로 산 이름을 조계산(曹溪山)이라 하고 절 이름을 수선사(修禪社)라 현액하게 된 것임을 알 수 있다.

길상사가 수선사로 바뀌었고, 수선사가 언제부터 지금의 송광사로 불리게 되었는지는 그 연유는 명확히 알 수 없지만, 지금의 '송광(松廣)'이라는 절 이름은 조계산의 옛 이름인 송광산(松廣山)에서 비롯된 것으로, 송광에 대한 몇 가지 해석이 있다.

먼저, 구전(口傳)해 내려오는 전설에는 이 산이 장차 '십팔공(十八公)이 배출되어 불법(佛法)을 널리[廣] 펼 훌륭한 장소'이기 때문에 송광이라 하였다고 한다. 소나무 '송(松)' 자를 '십팔공(十八(木)+公)'이라고 파자(破字)하고 '광(廣)'자를 불법광포(佛法廣布)의 뜻으로 해석한 데서 유래한다.

또 다른 전설에는 보조 국사(普照國師)가 이 절터를 잡을 때 나복산(羅逯山 : 현재의 母后山)에서 나무로 깎은 솔개[木鵄]를 날렸더니 국사전(國師殿)의 뒷등에 떨어져 앉았으므로 이 뒷등의 이름을 치락대(鵄落臺)라고 불렀다 한다. 이 이야기를 토대로 하여 최남선(崔南善)은 송광의 뜻을 '솔갱이'(鵄의 방언)라고 풀었다.

김영수(金映遂)는 이 산에 '솔갱이(松의 방언)'가 가득 차 있었으므로 지방 사람들이 이 산을 예로부터 '솔메'라고 해 왔으며, 그래서 송광산이란 이름이 생긴 것으로 주장하였다. 그의 주장에 의하면 송광의 '광(廣)'은 원래 언덕을 의미하는 '강(崗)'이었을 것이라고 한다.

승려 임석진(林錫珍)도 『송광사사지』를 저술하면서, 김영수의 해석을 가장 타당하다고 보았다. 산에 소나무를 많이 심어 바위가 드러나지 않게 한 데서 유래되었다고 한다."라고 하고 있다.

유래나 구전과 보조 국사의 설화, 그리고 지역민들이 전하는 이야기를 받아들이는 데에는 한계가 있다. 구전이나 설화 지역민의 전래 이야기 이전에 혜린 스님의 창건으로 절 이름을 길상사라 하고, 산 이름을 송광산이라 하였다. 이는 한문의 파자와 보조 스님의 솔개 설화나, 지역민의 일상적 이야기로 정리하기에는 사실적 근거에 의해서도 옳지 않다.

창건하신 혜린 큰 스승에 대해서도, "혜린 선사(禪師)라 부르지 않고 혜린(慧璘) 대사(大師)라 한 것은 화엄종의 사찰이었기 때문이라 하고, 사명(寺名)을 길상이라 한 것도, 화엄 제2회의 설주(說主)인 문수사리를 역언(驛言)

하면 길상(吉祥)이 되기에 길상사라고 하였다." 한다. 즉 보조 국사가 정혜결사를 하기 이전에는 선종 사찰이 아니 화엄 사찰이었으므로 송광산 길상사라 하였고, 보조 국사의 정혜결사 이후 조계산 수선사로 선종임을 천명하면서 산명(山名)과 사명(寺名)이 바뀐 것은 분명한 사실이다.

그리고 보면 송광사(松廣社)라는 제명(題名)은 보조 국사 입멸(1210년)하신 지 19년 수선결사 제2세 진각 국사 사주인 1229년 〈고화장사주지왕사정인대사추봉정각국사비명故華藏寺住持王師定印大禪師追封靜覺國師碑銘〉에 "우뢰가 사납게 진동하고 큰 돌이 무너져 떨어지더니, 이날 정인 대사께서 미미한 병 증세를 보였다. 7월 2일 새벽에 일어나 손발을 씻고 문인 현원(玄源)을 불러 편지 세 통을 쓰게 하였는데, 임금과 지금의 정승 진양공(晋陽公)과 고승(高僧)인 송광사주(松廣社主)에게 영원히 떠나간다는 것을 보고하라."는 부탁 문이 있다.

길상사(吉祥寺)나 수선사(修禪社)로 부르기보다는 송광사로 부르게 된 부분에는 시대적 고충이 있었던 것 같다. 고려 시대에 다양한 종파가 존재했고 각 종파는 국가 권력과 밀접한 관계를 지니고 있었던 것을 생각하면 정혜결사 이전의 사명과 이후의 개사명(改寺名)을 받아들이기보다는 중립적 입장에서 이전의 산명(山名)에 결사(結社)를 결부시키지 않았나 하는 생각이다.

이러한 개사명(改寺名)에 대해 『조선사찰사료』 전라남도부(全羅南道之部) 숭정 기원 무진년 이후 51년 무오년(1678, 숙종 4년) 10월 일에 쓴. 〈승평 조계산 송광사 사원사적비昇平曹溪山松廣寺嗣院事蹟碑〉에서는 "산의 옛 이름인 송광(松廣)을 조계(曹溪)로 바꾸고 절의 옛 명칭인 길상(吉祥)을 수선(修禪)으로 고친 것은 조정의 뜻이었다. 뒤에 송광사(松廣寺)로 개칭한 것은 바로 산의 옛 명칭이 송광산(松廣山)이었기 때문이고, 간혹 정혜사(定慧社)로 부르는 것은 보조 국사가 처음 발심하여 조직한 결사의 이름이었기 때문이다."라고 하고 있다.

현재 조계산(曹溪山) 송광사(松廣寺)로 불린다. 조계산(曹溪山)이나 송광산(松廣山)은 산 이름이다. 고려 시대의 조계산(曹溪山)이란 산 이름은 그대로 남아 지금도 조계산(曹溪山)으로 부르고 있는데, 송광산(松廣山)의 산 이름이 송광사(松廣寺)인 절 이름으로 바뀐 정황을 알 수 없으니 답답함만 더한다. 여러 말로 이리저리 붙일 일이 아니라는 생각이다.

길상사(吉祥寺)가 수선사(修禪社)로 불리게 된 역사적 사실이 분명한 만큼, 어떻게 해서 수선사(修禪社)가 송광사(松廣寺)로 불리게 되어 지금에 이르게 되었는지를 분명하게 찾아 확실하게 하여야 오늘의 나와 같은 미혹한 후학이 없을 것으로 여겨진다.

삭발염의로 이끌어 근심 걱정 속에 지켜봐 주신 은사 현문 대종사님의 은혜에 감사드립니다.

『송광사를 노래한 시승 묵객』 서문으로 그 길을 열어 주신 송광사 박물관장 고경 스님께 감사드립니다.

출판을 맡아 주신 백조출판사 이계섭 사장님께 감사드립니다.

백척간두 같은 수행을 지켜봐 주시는 무상 대종사, 원정 종사, 법광 종사, 승원 종사, 지혜 종사, 원범 종사 ,지현 종사, 정화 대덕과 도반들에게 감사드립니다.

특히 성원과 후원으로 지지해 주신 보원사 창건주 무불지 보살님과 일상의 고난을 덜어 주시며 함께하는 보원사 신도님들께 감사합니다,

한 부모로 태어나 출가한 불효의 허한 자리를 채워 준 강정선, 강명원 강경숙 형제와 지인들에게 감사드립니다.

수행자란 "수행하다 홀로 논두렁 베고 죽을 수 있어야 한다."며 출가를 허락한 어머니 대련화 보살님께 무한 감사를 드립니다. 또한 아버지 무념 거사(無念居士)의 극락왕생 행복을 빕니다.

감사드립니다. 이 인연으로 모다 성불하십시오.

송광사를 노래한 시승 묵객

초판 1쇄 발행 2024년 10월 31일

지은이 로담 정안
펴낸이 이계섭

책임편집 박찬세
디자인 이라희

펴낸곳 (주)백조
주소 경기도 화성시 남여울3길 19 201호
출판등록 2020년 8월 14일
전화 031-8015-0705
팩스 031-8015-0704
E-mail baekjo1120@daum.net

ISBN 979-11-91948-13-4(03220)
값 23,000원

*표지의 사진은 송광사로부터 제공받아 제작되었습니다.
*이 책 내용의 전부 또는 일부를 재사용하려면 반드시 저작권자와 (주)백조 양측의 동의를
받아야 합니다.
*잘못된 책은 바꾸어 드립니다.